Gestar-se
Resgatar a Criança Interior

GESTALT *e* ARTETERAPIA

Gestar·se

Resgatar a Criança Interior

Gabriela Regina Murgo

Tradução: Constantino Kouzmin-Korovaeff

1ª edição: Divino de São Lourenço, outono de 2013

semente editorial

© Gestar-se - Resgatar a Criança Interior
2013 by Gabriela Murgo

1ª edição junho 2013
Direitos desta edição reservados à
SEMENTE EDITORIAL LTDA.

Av. José Maria Gonçalves, 38 – Patrimônio da Penha
29590-000 Divino de São Lourenço/ES
(28) 99963.9869

Rua Soriano de Souza, 55 casa 1 – Tijuca
20511-180 Rio de Janeiro/RJ
(21) 98207.8535

contato@sementeeditorial.com.br
www.sementeeditorial.com.br

Produção editorial: Estúdio Tangerina
Preparação de originais: Mirian Cavalvanti
Revisão: Mirian Cavalcanti e Raisa Korovaeff
Projeto gráfico e capa: Larissa Kouzmin-Korovaeff
Ilustração da capa: *Man holding a balloon in the form of heart /*
(Shutterstock)
Editor Responsável: Constantino Kouzmin-Korovaeff
e Larissa Kouzmin-Korovaeff

M976g

Murgo, Gabriela Regina
    Gestar-se – Resgatar a criança interior / Gabriela Murgo; tradução
Constantino Kouzmin-Korovaeff. - 1. ed. - Rio de Janeiro: Semente
Editorial, 2013.
    232p. : 23 cm
    Tradução de: Gestarte, rescata a tu niño interior
    ISBN 978-85-63546-12-8

1. Arteterapia. 2. Gestalt-terapia. 3. Psicoterapia. I. Título.

CDD: 616.89143

Ao

Amor,

que foi,

é

e será.

Agradeço em ordem cronológica a todas as pessoas que
tornaram possível Gestar este livro:

José Anastasio Murgo e *Noemí Rodríguez Polleri,*
meus pais, que me me proporcionaram todo o
necessário para seguir minha *vocação*;

Silvia Salinas, por ensinar-me o papel do *terapeuta*;

Cristina Goñi Quintana, que me acolheu
e ajudou-me a ser acolhedora;

Dalmiro Bustos, por acompanhar-me na concretização de
meus sonhos;

A meus *pacientes*, a meus *alunos* e ao *público*,
por transmitirem-me o bem-estar que lhes
proporcionavam minhas palavras;

a *meus amigos*, por apoiarem meu entusiasmo...

...Porque todos eles, ao crerem em mim,
possibilitaram a materialização deste livro
neste aqui e agora.

A todos eles, de coração, meus
agradecimentos!

PREFÁCIO

Por *DALMIRO BUSTOS*

Aceitei escrever estas linhas por afeto a Gabriela. Cativaram-me seu entusiasmo, sua ousadia, sua paixão pela vida. Comecei a lê-lo, sentado incomodamente num avião rumo a São Paulo. O afeto de meu olhar preliminar foi transformando-se em interesse e pouco depois havia esquecido minha missão e deixei levar-me pelo conteúdo.

Gabriela circula por autores como Perls – a quem chama Fritz, com a familiaridade concedida por sua admiração –, Osho, Louise Hay, Hugh Prather e muitos outros, relacionados em seu estilo particular que lhes outorga frescor. Sem ser nomeado, Jacob Levi Moreno – criador do psicodrama, meu mestre e predecessor de Perls – vive nestas páginas: os conceitos *"morenianos"* de espontaneidade e criatividade estão presentes ao longo do livro.

Gabriela oferece-nos sua própria visão do mundo, por exemplo, sua versão sobre as emoções básicas do homem, sem enfrentamento com Melanie Klein. O leitor poderá estar de acordo ou não com alguns conceitos, isto não é o importante. Se puder desvencilhar-se de preconceitos empobrecedores, terá oportunidade de compartilhar com Gabriela a sua viagem rumo à alma humana.

SUMÁRIO

INTRODUÇÃO 15
Fundamentos da proposta

- Sobre os exercícios para facilitar o 21
  "dar-se conta"

1 - EM BUSCA DA AUTENTICIDADE 25
Ser, verdadeiramente, quem eu sou

- Da individualidade do EGO à comunhão 25
  com o SER
- Entendendo como me perdi, descubro 30
  como me encontrar

2 - A ACEITAÇÃO COMO CAMINHO PARA A MUDANÇA 41
A dor é um benéfico sinal de alarme

- Emoções que aparecem ao não aceitar 48
- O presente é o melhor que poderia estar- 61
  lhe acontecendo. Confie!

3 - TUDO QUE VOCÊ NECESSITA É AMOR 81
Estou girando como um satélite ao redor
do outro para obter amor

- Abrace a sua criança interior! 81
- Como foi ferida nossa criança interior? 87
- Valide a sua dor 94

4 - SER O MELHOR AMIGO DE SI MESMO 103
Aprendendo a me acompanhar,
nos momentos bons e ruins

- Autoestima: Amar o que se é 106
- A mensagem da CULPA: Da autopunição 126
  ao perdão
- A mensagem da CRÍTICA: Quando a 131
  exigência converte-se em intolerância
- A mensagem do MEDO: Do temor 139
  à confiança
- A mensagem do CIÚME: O desapego e a 153
  segurança interior
- A mensagem da INVEJA: Rumo à realização 156
  pessoal

5 - SURFAR NAS ONDAS DA VIDA 163
Tudo o que buscava fora estava dentro de mim!

- Do apego, a reconhecer minha capacidade 163
  de amar
- Criar um vazio fértil 173
- Viver enamorada pela vida 181

6 - A PRESENÇA CURADORA 191
Dedicado aos que desejam ajudar os demais

- Começar por si mesmo 191
- Um chamado para os terapeutas 195
- Isto é *Gestalt* 206

- Arteterapia, uma janela para ver a alma — 214
- O encontro entre a pisicologia e a espiritualidade — 221

PALAVRAS DA AUTORA — 223

REFERÊNCIAS BIBLIOGRÁFICAS — 227

CADERNO DE EXERCÍCIOS

- Preparação e sensibilização.....................23
- "Dar-se conta" de como você se sente....38
- Passos para a aceitação ante a dor.................67
- Reconhecer nossa dor.................72
- Para aceitar.................75
- Validar a dor original.................91
- Aprendendo a ser um adulto acolhedor......98
- Resgatar sua criança divina.................101
- Autoestima.................111
- Amar-se a si mesmo, reconhecendo aspectos rejeitados.................123
- Autenticidade.................125
- Para quando você sente-se culpado..........130
- Para quando você critica os demais..........136
- Para o medo.................147
- Para quando você sente ciúmes.................154
- Da inveja à autorrealização.................161
- Para o desapego.................188

INTRODUÇÃO
Fundamentos da proposta

"É sumamente difícil definir o amor,
porque se trata de um conceito muito amplo.
Cuido de vivê-lo.
Quanto mais vivo na alegria e na beleza,
melhor sou como pessoa. A cada dia amo mais e melhor.
E definir isso seria colocar-lhe um limite.
A única palavra suficientemente ampla para abarcá-lo
seria vida." (...) "Para escolher a vida devemos estar dispostos a
voltar a arriscar-nos e amar.
Se estamos dispostos a arriscar, a sofrer,
conheceremos o amor...
O amor é a vida em todos os seus aspectos.
E se alguém perde o amor, perderá a vida."

Extraído do livro *Viver, Amar e Aprender,*
de Leo Buscaglia

Encontrava-me no assento traseiro do carro de meus pais, viajando para não sei onde, quando terminei de ler este parágrafo de Buscaglia... minha vocação começava a revelar-se. Inclinei-me para diante, olhei-os por entre os assentos e lhes disse: "Quero ajudar as pessoas a superarem os condicionamentos internos que as impedem de ser felizes." Tinha 17 anos e plena consciência de que a mente é o principal obstáculo para estar-se em paz.

(Conheci pessoas atravessando serenamente situações terrivelmente dolorosas. E conheci outras que, diante da menor dificuldade, perdiam a fé e viviam amarguradas por dias, meses ou anos...)

Foi assim que comecei a procurar a felicidade. Muitas vezes confundimos felicidade com alegria. Concebo a alegria como um momento de exaltação da alma durante o qual nos sentimos no cume.

A *felicidade* é um estado de *paz interior* que transcende qualquer emoção ou circunstância passageira e permanece, apesar da tristeza.

Este livro é minha tese de graduação na escola da vida. O aprendizado começou quando aprendi a conter-me emocionalmente, e culminou com a adoção de uma mudança existencial em minha visão, que me permite ser feliz apesar de tudo!

À medida que percorria esse caminho interno, ajudava a abrir caminhos para os demais; assim gestava bases sólidas para sustentar outros e facilitar-lhes a mudança. E, desse modo, ensinei melhor o que mais necessitava aprender.

Muitas pessoas com quem me relacionei ao longo de minha vida foram parte desse caminho, e estou agradecida a todas elas por serem minhas mestras. Alguns de seus nomes serão encontrados no decorrer da leitura; não me deterei no vínculo que me une a elas, centrando-me, entretanto, na mensagem que me transmitiram e que hoje desejo transmitir a você.

Meu processo surgiu da ânsia de ser amada, passando à necessidade de amar (em mim) o que realmente sou. O que implicou largar meu ego para abraçar minha essência.

O caminho exigiu-me estar presente tanto no prazer quanto na dor. Aprender pouco a pouco e continuadamente a desenvolver o amor incondicional que tanto ansiava. Somente "estando no amor" pude reconhecer a divindade que me habita, enamorar-me, e viver... enamorada pela vida!

A palavra *"Gestarte*"* surgiu como fusão de meu amor pela arte e de minha visão gestáltica. Posteriormente dei-me conta de que o termo descrevia perfeitamente o processo de transformação que experimentei e que proponho neste livro – Gestar-se – uma gestação pessoal, que pode resumir-se na seguinte expressão: "Largar o ego para Nascer para o Ser." O pai da *Gestalt*, Fritz Perls, dizia que *"Morrer para nascer de novo não é fácil"*, por isso proponho-me a acompanhá-lo.

A *gestação* é um processo que nos propociona diferentes momentos. O primeiro momento tem três passos, e um deles é ACEITAR o que há. Dar boas-vindas ao seu aqui e agora, que é a única coisa que está acontecendo. Aceitar implica abraçar o presente como o melhor que poderia estar-lhe sucedendo.

ATRIBUIR VALOR (dar valor real) a suas emoções, desenvolver um olhar amoroso ante o que há; e se o que há é dor, encontrar dentro de você recursos para que possa acompanhar-se na dor para viver a vida plenamente! Este é o segundo passo.

---

* "Gestarte", do título do original em espanhol, uma fusão de *"Gestalt"* e "Arteterapia", corresponde, em português, ao sentido de "gestar-se". (N. do E.)

Ao atribuir valor, posso AMAR e AGRADECER; este é o terceiro passo: sentir-nos benditos e bendizer com nosso serviço é adotar uma atitude amorosa e... agradecida para com a vida!!!

Se pensamos em como chegamos a este mundo, no estado de total vulnerabilidade em que toda nossa sobrevivência depende apenas do cuidado amoroso que nos dedicam os que nos recebem... Perde-se o estado de plenitude em que estávamos antes de nascer; surgem sentimentos de solidão e abandono a cada vez que o outro não cobre nossas necessidades na medida em que precisamos. Nesse instante, a dor da carência faz-se sentir em menor ou maior medida (de acordo com a resposta do ambiente ao redor). Em um primeiro momento, esse cuidado depende de nossos pais (ou de quem tenha cumprido essa função). Mas, com o crescimento, "o cuidado" começa a ser nossa própria e intransferível responsabilidade.

Por isso proponho-me a ajudar você no transcurso da leitura. Colaborar para que desenvolva a sua inteligência emocional para converter-se no melhor amigo de si mesmo. Parece algo óbvio, mas um bom amigo está presente nos bons e nos maus momentos. Não obstante, a maioria de nós não tolera a si mesmo no momento em que mais necessita! Não é assim?

O segundo momento da proposta de gestação é passar da amnésia total de quem somos ao encontro com nossa autenticidade e ao estado de plenitude tão ansiado.

Tudo de que necessitamos é amor (como cantavam os Beatles, *"All you need is love"*), mas você esteve procurando-o no lugar errado. Não estava nos bens materiais, nem em obter títulos universitários, nem em conseguir aquele emprego. Não estava em seu lar, nem em encontrar seu companheiro de percurso, nem em seu filho. ☹

Na realidade não era preciso procurá-lo. Estava dentro de você... esperando que aquietasse a sua mente para poder reconhecê-lo e desfrutá-lo!

Não sei em que ponto desse processo você se encontra... mas apesar de todos os condicionamentos que possa perceber hoje em sua vida, asseguro-lhe que VOCÊ PODE SER FELIZ! ☺

Você encontra-rá no livro pensamentos que me resultaram sustentadores. E, como a mim me agrada registrar meus "dar-me conta" escrevendo-os nas margens dos livros, animo-o a anotar também os seus. Se lhe ocorrer alguma reflexão ou recordação pessoal, não duvide em escrevê-la; desse modo você estará desenvolvendo uma visão acolhedora e aumentando sua autosustentação.

Para acompanhá-lo em seu próprio processo, proponho-lhe que realize os exercícios que aqui transcrevo. Vou ensinar-lhe como reconhecer cada emoção desprazerosa para que você lhe perca o medo e possa manter-se em contato com ela o tempo suficiente para identificar o que necessita. Mas você deve assumir a sua parte; realizar o SEU processo de gestação implica envolver-se pessoalmente com a leitura, examinando o seu sentir; para isso são os exercícios. Dessa forma, você encontrará sua própria maneira de acompanhar-se e transcender.

Este livro ira ajudá-lo a estar presente em seus vazios. E fugir só gera mais vazio. Anime-se a entrar em conexão com o que sente para habitar-se Aqui e Agora.

Só você pode dedicar-se presença incondicional, você está consigo mesmo durante as 24 horas do dia! Uma vez que consiga abrir-se e ficar em contato com si mesmo, irá experimentar a paz que o inunda e o amor que o preenche.

Este livro destina-se a toda pessoa que deseja aprender um caminho de autoacolhimento. Também a todo aquele que tenha pessoas sob sua responsabilidade (pais, mestres, terapeutas, líderes). A esse grupo dedico o último capítulo e convido todos a... começar pela própria casa!

Sobre os exercícios
para facilitar o "dar-se conta"

É sabido que o exercício físico libera endorfinas e provoca um aumento de prazer e bem-estar. Os exercícios que aqui lhe proponho tentam ajudar você a predispor a personalidade e facilitar que ela "se alinhe com a alma", para poder, a partir dali, preparar-se para receber o amor tão ansiado!

Servirão para facilitar o seu "dar-se conta". Para registrar como você está se tratando aqui e agora, quais são as necessidades que pedem ser preenchidas e animá-lo a que as atenda para abrir-se ao amor incondicional.

Cada um dos exercícios está ordenado e diagramado de maneira tal que prepara as bases para o que vem a seguir.

Se você realizar todos os passos sem saltar nenhum, isso lhe facilitará chegar ao estado de felicidade que proponho neste livro.

Se lhe resultar difícil realizá-los com a leitura e você preferir escutar-me, há o recurso da gravação (com minha própria voz) em www.gabrielamurgo.com para guiá-lo na experiência.

Antes de realizar os exercícios

Proponho-lhe algumas dicas para que você prepare-se para entrar em contato com o livro e cuide das condições para facilitar o encontro consigo mesmo.

- Procure um lugar tranquilo e onde seja possível não sofrer interrupções por 30 minutos. Desligue os telefones para tal fim.

- Pegue un bloco de papel branco sem pautas, lápis preto, lapiseira, borracha e tintas coloridas (giz, lápis de cor, *crayon*, têmperas, aquarelas; quanto mais variedade, melhor).

- Quando eu propuser que você pinte ou desenhe, não se concentre em suas habilidades técnicas ou artísticas; só interessa que você se expresse através de um recurso que não seja mediado pela palavra. Observe se você se condiciona ou critica. Lembre-se que as crianças fazem-no o tempo todo e que o trabalho aqui proposto visa que sua criança interior se expresse.

- Mantenha lenços à mão para não interromper-se indo procurá-los caso se comova (e também para não interromper suas lágrimas). Assim você poderá dar livre curso às suas emoções quando assomarem.

- Quando você encontrar reticências "..." nos exercícios, é para que gaste o tempo que precisar para apreender o que consignam; não passe à fase seguinte sem conceder-se isso. É importante lembrar que se trata de um processo de gestação e um "processo" requer tempo. Portanto, tenha paciência.

- Por último, antes de cada exercício reserve cinco minutos para centrar-se, para "voltar ao eixo". Para tanto, convém que você realize a seguinte prática:

Observe o ritmo normal de sua respiração, sem modificá-la...

Observe como está seu ritmo... até onde chega o ar que você inala...

Em seguida, durante alguns minutos realize inspirações profundas e exalações lentas.

A cada exalação "solte" sua mente, deixe irem todas as suas preocupações.

Em cada inspiração profunda entre em si mesmo, em sua interioridade.

Inale profundamente e exale lentamente...

Repita isso de seis a nove vezes antes de cada exercício.

Agora sim, *convido você a gestar-se!*

1. EM BUSCA DA AUTENTICIDADE
Ser, verdadeiramente, quem eu sou

Da individualidade do EGO
à comunhão com o SER

Amanheci na cama, envolta no calorzinho de meu cobertor, com a claridade do sol que assomava anunciando o dia. Era tão agradável a sensação que não queria sair da cama. A sensação assemelhava-se a um abraço acolhedor, e perguntei-me: Teria sido assim prazeroso que nos embalassem nos braços quando éramos pequenos? E depois disso perguntei-me: Será isso o mais semelhante à sensação que temos ao "estar" no ventre de mãe?... Se de onde vínhamos estava tudo tão bem, prazeroso, o que aconteceu, então? Quando começou a dor? Ah!, ao sair do útero... Aí a comida e as condições de que necessitava para o descanso já não estavam à disposição. Quando havia necessidade, dependia de que outro as criasse, de que "outro me levasse em conta". E não se tratava apenas de comida e sono. Havia necessidade de abraços, de carícias, de cuidados, de amor. Necessidade da presença incondicional do outro, de sua companhia. O mundo mostrava-se tão complexo, que era preciso "desconectar-se de si" para "conectar-se com" essa complexidade... E bem devagar, devagarinho vamos nos adaptando. Quando já temos mais idade, mantemo-nos despertos por mais tempo, e assim vamos nos apropriando desse mundo em que surgimos. Com a adaptação a ele, melhorada, especializou-se a maneira de nos fazermos entender. No

> O Amor e o contato amoroso são uma necessidade básica. Embora sejam corretamente atendidas em suas necessidades fisiológicas, as crianças hospitalizadas morrem quando não recebem abraços.

início eram somente o choro e os movimentos intranquilos que exprimiam o incômodo – o que exigia a interpretação de quem cuidava de nós e as experimentações de ensaio e erro até acertar. A palavra imitada dos mais velhos apareceu mais tarde, bem como a imitação de seus costumes, a imitação de seus desejos. Pertencer ao seu universo era a meta e, com isso, aceder ao amor dos adultos, requisito vital para nossa sobrevivência...

Mas, voltando a mim, pergunto-me: Terei perdido minha essência no afã de adaptar-me ao meio?

Cheguei ao mundo num estado de amnésia total. E vou construindo minha imagem com o que me devolvem os demais, e vou conhecendo-me tendo no outro um espelho.

Poderá ser que os demais tenham interferido e eu tenha desviado meu caminho?

Certamente.

Edward Bach, em seu livro *Liberte-se!* (1932), explica-o desta maneira: *"Uma menina pinta febril e alegremente uma casa, quando de repente passa alguém a seu lado e opina: 'Por que você não pinta aqui uma janela e ali uma porta? O caminho de entrada, também, deveria cruzar o jardim desta maneira.' Como consequência, isto tenderá a fazer com que a pequena perca por completo o interesse por seu trabalho. Talvez continue pintando, mas agora estará plasmando sobre o papel a ideia de outra pessoa. De alguma maneira, isso a enfada, irrita, torna-a infeliz ou com medo de recusar aquelas propostas. Talvez comece a odiar a pintura e provavelmente a rasgará em pedacinhos. Na realidade, a reação que terá depende do temperamento da criança.".*

A enfermidade é esta: a reação à interferência.

"Um fracasso e uma infelicidade transitória que se estabelecem em nossas vidas quando permitimos que outros se imiscuam no sentido de nossa existência, semeando a dúvida, o medo ou a indiferença. Chegamos ao mundo com o conhecimento do quadro que devemos pintar e já traçamos o caminho através de nossa vida. Tudo o que nos resta fazer é dar-lhe forma.".

Aqui vamos abrir um parêntese para esclarecer os conceitos de Ego e Ser, e outros que vão acompanhar-nos ao longo da leitura.

Quando falo da Personalidade, do Ego e da Mente refiro-me à maneira de ser que nos identifica, por ser mais ou menos estável. E que pode ajudar a realizar-nos quando está em sintonia com os ditames de nossa alma, ou criar obstáculos quando não está em conexão com ela.

Quando falo de Ser e Alma, por outro lado, refiro-me à Essência que vive dentro de nós, aquilo que é mais autêntico e nos mantém em contato com Deus, e que possui as mesmas qualidades que o Criador: Unidade e Totalidade. ☺

(Deus tem tantos nomes quantas religiões e crenças existem. Gosto de referir-me a Ele também com nomes que transcendam os dogmas, como "Tudo o que sempre foi, é e será", ou posso chamá-lo Energia

Universal, Fonte de Amor, Natureza Divina, Unidade ou o Supremo.)

O corpo é o templo onde habitam o ser e o ego, alma e personalidade. É a casa de ambos e, portanto, nos diz, através de suas manifestações, como está a relação entre eles, exteriorizando-se com sintomas de bem-estar ou mal-estar. O corpo assemelha-se às casas. Há casas que são tão majestosas e prolixas quanto vazias e desabitadas. Há outras que, mesmo deterioradas pela passagem do tempo, são percebidas como limpas, alegres e habitadas!

Encanta-me citar esta metáfora de John Welwood (*Psicologia do Despertar*), quando diz que o Ser é como um enorme palácio e o Ego apenas como uns poucos aposentos. Como o ego não sai desses lugares conhecidos, identifica-se apenas com essas paredes que habita, embora algumas sejam escuras e não lhe causem prazer, embora deseje viver de maneira diferente. Caso se animasse a transitar pelos corredores, dar-se-ia conta de que não vive num aposento, mas que reside num palácio! Assim movemo-nos na vida, dizemos: *"Eu sou assim e não posso ser de outra maneira"... "Eu não poderia jamais fazer isso!"...* Cada vez que enunciamos frases como essas, estamos trancando a cadeado um aposento e, com isso, a possibilidade ou as possibilidades maravilhosas que nele se encontram latentes. Nesses casos só "fala o ego".

Somos reflexo do UNO do qual viemos. Dali nos desprendemos como imagem e semelhança dessa unidade. Em minhas aulas desenho o Ser como um círculo. Cada vez que digo ou penso coisas como *"Não sou assim"* ou *"Eu não posso ser assim como você"*, aparece nesse círculo uma mancha negra que representa um aspecto negado de minha personalidade, o qual se torna sombra e vai impossibilitar-me a experiência de ser "total".

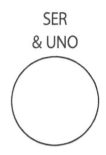

SER & UNO

Não há um aspecto nocivo por si só. Cada aspecto será bom ou não, dependendo de como o use, em que momento e para que fim. O que é nocivo é a rigidez que não me permite mover-me e, muito menos, modificar-me e mudar. Quanto menos aspectos aceito em mim, menos os aceito no outro. Então fragmento-me e segrego-me da humanidade.

> **NOTA IMPORTANTE**
>
> Esses conceitos de ego, ser, corpo, emoções, unidade, autenticidade... talvez novos para você, serão retomados no decorrer dos capítulos. Você desenvolverá a compreensão a seu respeito com a leitura e os exercícios propostos.

Entendendo como me perdi, descubro como me encontrar

Segundo Bach, a enfermidade é resultante de um conflito entre a personalidade e a alma, que se manifesta no corpo em maior ou menor medida. Segundo Perls, o homem neurotiza-se em sua adaptação à sociedade ao seguir os mandatos externos, os "você deveria". Independentemente de como ocorre, é óbvio que, quando não me priorizo, atraiçoo minha essência. Afasto-me de meu centro e sobrevém o desprazer.

As emoções são nossos guias para seguir os ditames da alma. Quando desvio meu caminho (quando não as registro) aparece um mal-estar físico ou emocional.

O incômodo físico é um sinal claro, mas, ao ser emocional, a coisa se complica, já que exige discriminação entre os desejos autênticos da alma e os exigentes desejos do ego. Para tanto, é preciso tomar consciência de meus movimentos internos, de minhas sensações físicas, corporais. É de ajuda distanciar-me, calar minha mente, contemplar-me. A prática do silêncio e a meditação são aliados à premissa de priorizar minhas emoções, escutá-las, senti-las, percebê-las, degustá-las, entrar em contato com meu corpo antes de atuar para alcançar a coerência entre meu sentir, meu pensar e meu atuar.

Se me observo, posso detectar que as emoções se manifestam corporalmente: os desejos da alma, na altura da boca do estômago; os do ego, na fronte.

Quando há encontro de ambos, alcanço a coerência.

Ambos se alinham e provocam minha abertura. Alinho-me "com" e abro-me "ao" Supremo. Emoção situada no centro coronário (situado no alto da cabeça), sensação de paz e comunhão.

Segundo Bach, Deus fala através de nossa alma mediante o que nos agrada, o que desejamos, o que necessitamos e o que sonhamos. **A alma é a conexão com a Unidade.** Assim, vai-nos indicando o caminho, o caminho nos é revelado.

Temos que aprender, entretanto, a discernir os desejos autênticos, que dela provêm, dos desejos do Ego, que priorizam o Ter acima do Ser e são influenciados por mandatos externos.

Cada vez que desejar algo, procure perceber se isso deixa você visceralmente tranquilo ou se apenas sua mente fica de acordo. Indague-se o *para que*, conecte-se com a motivação que mobiliza o que você deseja e, com base nela, eleja fazer o que lhe dê alegria e cubra você de paz. Esta é a experiência chave da felicidade. ☺

Já vimos que nascemos "sem saber como dirigir nosso carro". Há outro ao volante, mas por um tempo. Irremediavelmente terei que aprender a dirigir. Assumir o volante será um ato criativo, pessoal, autônomo e livre. Isso acabará por converter-me em mim mesmo se e somente se respondo a minha motivação autêntica. Pois, não sendo assim, outros assumirão o volante: nossos pais, nossos amigos, nossa esposa, nossos filhos, nossos netos.

Lembro-me que, quando conheci Mabel, ela contava-me que se sentia frustrada, pois havia postergado os estudos universitários para que o marido pudesse formar-se. Uma vez que ele se formou, ela os retomou, mas voltou a interrompê-los para ajudá-lo em seu trabalho, e depois vieram os filhos. Assim, foi postergando os estudos até que o mais novo completou 20 anos. Então permitiu-se dedicar tempo a si mesma e finalmente formou-se. Mas, algum tempo depois de começar a exercer sua profissão, voltou a abandoná-la para ajudar na criação dos netos. Em seu discurso queixoso, parecia não ser responsável por suas escolhas. Se Mabel tivesse realizado suas escolhas segundo os ditames de sua alma, sentir-se-ia plenamente realizada como esposa, mãe e avó; no entanto, como suas decisões foram realizadas para adaptar-se a seus "você deveria", uma parte de si mesma permanecia relegada e sentia-se abandonada e frustrada. Quando examinamos isso no espaço terapêutico, deu-se conta de que ela permitia essas interferências de fora devido a um mandato interno e, ao fazê-lo, abandonava os que seu coração lhe pedia. Como não sentir-se frustrada?

Bach, em *Liberte-se!*, diz: *"Na vida de todas as pessoas produzem-se intromissões. Formam parte do plano divino e são necessárias para que possamos aprender como resistir a elas. Com efeito, podemos considerá-las como oponentes verdadeiramente úteis, cuja existência é justificada unicamente pela circunstância de nos ajudarem a nos tornarmos mais fortes" (...) "sirvamo-nos dessa intromissão para reafirmar-nos ainda mais no sentido de nossa vida. Quanto mais obstáculos haja no caminho de nossa vida, tanto mais seguros poderemos ficar do valor de nossa tarefa. Florence Nightingale alcançou seu objetivo apesar da oposição de toda uma nação. Galileu acreditava que a Terra era redonda, embora todo mundo acreditasse o contrário, e o pequeno patinho feio converteu-se num cisne, embora toda sua família zombasse dele".*

Quando nascemos, chegamos em pleno contato com nossa alma e vamos respondendo organicamente ao que necessitamos para manter nosso equilíbrio. Se temos fome, não paramos de chorar até comermos, se estamos sujos, choramos até que nos limpem. Se não há, porém, resposta a nosso pedido, deixamos de pedir, e a dor permanece em nosso coração e nosso corpo. Os obstáculos são necessários para fortalecer-nos. Ao superá-los, desenvolvemos novas potencialidades e recursos internos. Quando adultos podemos escolher entre permitir as interferências ou superar as intromissões; mas uma criança, em sua condição de dependência, não tem como evitá-lo e, assim, aparecem o mal-estar e a enfermidade como sinais de alarme de que nos desviamos de nosso caminho.

Assim como Bach diz que adoecemos por interferência, Fritz Perls, no primeiro capítulo de *A Abordagem Gestáltica – Testemunha Ocular da Terapia*, expressa que a enfermidade surge quando, de alguma maneira, o indivíduo interrompe os processos. Para ambos, à medida que crescemos perdemos nossa harmonia, pois começamos a não ouvir nossas necessidades após nos adaptarmos ao meio. Isso ocorre porque todos temos uma necessidade superior, que é que nos amem e nos aceitem. Essa necessidade é imperiosa quando somos crianças; dependemos dos demais desde o mais básico: casa, comida e atenção médica, até educação, respeito e, mesmo, permissão para brincar. É assim que, por nossa sobrevivência, permitimos que interfiram em nossos desejos e necessidades. Tornamo-nos adultos acostumados a postergar-nos, e a tal ponto que muitas vezes não conseguimos discernir o que sentimos ou necessitamos autenticamente desde o nosso ser. Somente escutamos o ego.

Fritz Perls explica que as interrupções experimentadas traduzem-se em questões pendentes a serem encerradas, absorvendo-nos energia e impedindo-nos o fluir natural de nossa existência, provocando, por sua vez, mais interrupções no transcurso de nossa vida. Como expressa em sua obra, em vez de resolver as coisas uma por vez, para poder passar a outras, vivemos interrompendo-nos. Somente ao resolvê-las logramos recuperar o equilíbrio perdido.

Mas quando queremos começar a harmonizar-nos, há tanto de pendente (!) que não sabemos por onde começar, e aí aparece a sensação de confusão. Se hoje você se encontra confuso, terá que priorizar aquilo que é mais urgente para você, o que hoje está lhe tomando mais energia.

Quando você puder dar-se conta do que necessita, terá que discriminar o que pode satisfazê-lo e o que não.

A questão é que muitas vezes nossa percepção está danificada e você não consegue orientar-se corretamente. Por exemplo: você se dá conta de que necessita satisfazer sua vocação, mas não consegue escolher, pois lhe agradam todos os cursos que lhe propõem, ou, o caso contrário, não lhe agrada nenhuma proposta.

É importante, quando você já sabe do que necessita, que entre em contato com isso para restabelecer sua harmonia e deixar o que não o satisfaz.

Algumas vezes, porém, mesmo se dando conta do que necessita e do que fazer para satisfazê-lo, você se encontra com uma terceira dificuldade: não consegue entrar em contato profundo com o que deseja e, por isso, tampouco afastar-se daquilo que não o satisfaz. Ex.: você sabe o que quer estudar, mas não sabe como deixar a carreira que iniciou há três anos.

Assim é como, quando adultos, nosso mecanismo de autorregulação falha em maior ou em menor medida, provocando desprazer. Os assuntos inconclusos de sua vida nublam sua visão, confundem sua percepção, sua capacidade de dar-se conta, de quando ficar ou quando se retirar.

A essa altura, você perdeu sua liberdade de escolha. Não pode escolher os meios apropriados para cumprir suas metas, porque já não tem a capacidade de ver as opções que há diante de si. Ainda está em tempo, é questão de que você possa tomar consciência de como aparece o desequilíbrio, para identificar o que você necessita, e recompor seu circuito. Para isso contamos com exercícios que nos ajudam a escutar-nos, aceitar-nos e integrar-nos a fim de voltar a ficar em harmonia.

Bach dizia que se alguém cumpre o ditame da alma, está são; Fritz explica esse equivalente a partir do orgânico: se estou cobrindo minhas necessidades, estou bem; se tenho um montão de necessidades sem resolver depois de adaptar-me ao meio, perco meu eixo. A ideia é voltar ao eixo e reparar isso.

Como?

Mergulhando nas emoções, priorizando aquelas que me angustiam mais. Se tenho um desejo autêntico de mudança, posso começar a tornar-me responsável por mim mesmo. Isso implica priorizar-me, deixar de girar ao redor do outro para girar em meu próprio eixo e ali encontrar equilíbrio. Porque "se *andar fora do eixo, ou caio ou fico tonto...*".

A adolescência é o momento de voltar a tomar as rédeas de minha vida. Mas se, como adulto, detecto ter negligenciado os ditames de minha alma, e se danificou-se muito meu sistema de autorregulação, terei primeiro que trabalhar para repará-lo e voltar a meu centro. O primeiro exercício é escutar como me sinto, para entrar em contato com o que necessito.

Atendendo minhas necessidades, começo a estar bem e melhor! ☺

EXERCÍCIO PARA DAR-SE CONTA
DE COMO VOCÊ SE SENTE
Lembre-se das dicas da p. 23

Observe se há algo que lhe molesta neste momento de sua vida. Há algo que você creia que, se o modificasse, melhoraria sua vida?

1. Faça uma lista de tudo o que necessita.

2. Discrimine o que é o mais urgente, o que mais lhe demanda atenção, o que deseja resolver aqui e agora.

3. Priorize uma dessas coisas para começar a aprofundar.

4. Com base no ponto 2 :

a) Recorde: a ideia é aprofundar-se fenomenologicamente na experiência para entrar em contato com a vivência tal e qual ela ocorre. Apenas descreva o processo, o que você capta com seus sentidos.

Não passe ao "por que lhe acontece isso", pois isso só irá levar a uma ideia do porquê daquilo, que pode ser real ou não (dependerá em grande medida da novela que você tenha montado com sua vida; além disso irá levar você à mente, à razão). O objetivo aqui é que você volte a entrar em contato com seu mundo emocional, com as sensações, para recompor seu processo natural.

Portanto, não fique na brincadeira, olhe para mais além e observe:

Como você se sente com o que aconteceu?...

....

Mantenha-se em contato com essa emoção para descobrir mais a respeito dela, perguntando: Como aparece?... quando?... onde?...

....

O que você faz quando surge essa emoção? E para que faz isso? **O PARA QUE** (diferentemente do "porque") nos leva a descobrir a motivação ou a necessidade a preencher. Toda ação é "para entrar em contato com" ou "para evitar algo". Assim, o "para que" pode levar você a dar-se conta de sua necessidade, sua verdadeira motivação.

b) Responda às seguintes perguntas:

- O que você sente a respeito?...

- Em que momento você se sente assim?...

- Com que frequência lhe ocorre?...

- Como lhe afeta no corpo? Você registra algum incômodo ou tensão? Onde? Como o sente?...

- Que pensamentos acompanham isso?...

2. A ACEITAÇÃO COMO CAMINHO
PARA A MUDANÇA
A dor é um benéfico sinal de alarme

"A dor não existe para fazer você sofrer,
*E, sim, para torná-lo mais consciente!"**

Aceitar implica abraçar o que É. Quando não aceito algo que me causa dor, ou inclusive quando não tolero a própria dor, essa mesma atitude só contribui para sua permanência. A dor só se instala quando é reprimida ou ignorada; em compensação, quando a aceito, muda-se. Paradoxalmente, só a aceito quando abandono toda intenção de mudança. Deixando a luta contra as emoções desprazerosas, posso escutá-las como um benéfico sinal de alarme que me indica que algo não anda bem e detecto aquilo de que necessito para sentir-me melhor.

Hoje em dia há um paradigma que prioriza o pensamento positivo e o tomar as rédeas de nossa vida tornando-nos responsáveis pelo que atraímos para ela. Concordo que é assim, estejamos ou não conscientes do processo.

À medida que observo com olhar meditativo meus sentimentos e contemplo meus pensamentos, favoreço a possibilidade de *dar-me conta*, de escolher e de mudar.

Quando estou no piloto automático, ao contrário, não escolho, apenas repito um padrão, atuando a partir da

---

*Osho, Take it Easy, vol. 2, cap 12.

programação que tenho incorporada. Ainda assim, porém, como sou eu quem responde, sou responsável.

Como diz Louise Hay em seu livro *Você Pode Curar Sua Vida*: "Somos cem por cento responsáveis por todas as nossas experiências e cada um de nossos pensamentos está criando nosso futuro".

O alentador é que ela mesma diz: "Um pensamento não é mais que uma ideia e uma ideia pode ser mudada". Isso foi confirmado pelo behaviorismo empírico, em seus primeiros descobrimentos: o aprendido pode ser desaprendido.

Portanto, somos responsáveis por nosso mundo mental; mas o que acontece com nosso mundo emocional?

Eu parto da ideia de que não há "emoções negativas ou positivas", elas são simplesmente "prazerosas ou desprazerosas". Tudo que nos sucede é para o nosso bem. Por isso, se experimento mal-estar ou vivencio algo desprazeroso e, por cima, agrego-lhe a irritação comigo mesma, em que pode ajudar essa atitude? Agreguei, simplesmente, um sofrimento adicional à experiência dolorosa. ☹

Portanto, se agora mesmo você estiver conectando-se dentro de si com alguma vivência que lhe provoca mal-estar, observe o que é que faz com ela. E se perceber que se critica ou se julga por isso, simplesmente aceite esse fato como tal: estou me julgando... estou irritado... e aceite também isso como parte de sua experiência. Entregue-se e relaxe *na* emoção observada, permita que esteja ali e dê-lhe espaço. Ao fazer isso, você estará se integrando! A palavra "e-moção" significa "movimento interno". Por isso, não somos responsáveis pelo que sentimos, mas, sim, somos responsáveis pelo que fazemos com o que sentimos.

Ex.: detesto a ideia de comer fígado, já rechaço seu odor, por mais que recomendem sua ingestão por conter uma quantidade elevada de ferro. Adoro os chocolates e os sorvetes, apesar da nocividade que resulta do alto teor de gordura que contêm, costumo ter vontade de comê-los todos os dias, embora não o faça, porque escolho cuidar-me. Não sou responsável pelas minhas emoções, mas, sim, por minhas ações. Se sinto raiva de uma pessoa, não posso evitá-lo, mas, sim, posso evitar dizer-lhe algo que a fira. Se escolho fazê-lo, sou responsável. O que proponho é um caminho para a aceitação total das emoções e assumirmos responsabilidade por 100% de nossas ações.

Aceitar implica não ficarmos irritados, nem julgar o que sentimos. Aceitar implica não lutar para deixar de sentir o que sinto, nem controlar o que me acontece, pois essas atitudes implicam a ideia de que não deveria sentir-me como me sinto, e essa atitude não ajuda. No momento em que faço isso, não me quero bem, e a ideia é... amar-nos incondicionalmente!

Se bem que haja pensamentos que podem gerar emoções desprazerosas, aceito a dor... é parte da vida! E todas as emoções que experimentamos são HUMANAS. Portanto, se sinto algum mal-estar, prefiro observar e ouvir o que sinto, para transcendê-lo, e não encher-me de afirmações positivas para negar o estado atual ou reprimi-lo. O que é o equivalente a querer controlar o que me acontece e lutar contra uma parte de mim mesma.

EXERCÍCIO

• Focalize algo que você deseje modificar em sua vida...

• Observe a luta em seu corpo: como você o percebe? Se você se tensiona, como, onde lhe incomoda. Localize-o e, com todas as suas forças, tente fazer com que essa sensação desapareça.

• Você observará como, por mais que tente negá-lo ou distrair-se, o desprazer cresce, ou desaparece e reaparece, momentaneamente, para persistir mais cedo ou mais tarde!

Você reconhece algum momento em sua vida em que desejou *controlar* uma emoção?

Controlar é o mesmo que reprimir, daí só pode vir rigidez e descontrole futuro.

Seguramente você já terá transitado por esse caminho, que não termina por resolver a questão. É como se essa parte com a qual você está lutando estivesse lhe dizendo: *"Tenho uma razão válida para estar aqui. Quando você se zanga comigo e me critica, ou simplesmente deseja que desapareça, percebo o quanto me odeia e sinto-me só. Aceite-me, trate-me com carinho. Necessito que me escute e me atenda".*

Quando uma emoção desprazerosa é ouvida e habitada, *"relaxa"* e abre caminho a uma emoção mais prazerosa. Quando não aceito uma experiência dolorosa, agrego um sofrimento adicional: a ideia de que *"isto não deveria estar acontecendo comigo".*

Diz Hugo Prather: "Hoje resulta irrelevante pensar como gostaria que fossem as coisas. Agora só devo ter em conta como são. Se não enfrento minha vida tal como é na atualidade, estarei no meio de uma fantasia." Há muitas maneiras de não aceitar. Basicamente você pode realizar uma luta ativa contra a realidade dolorosa ao enraivecer-se contra ela, ou resignar-se, exercendo uma luta passiva, permanecendo de braços cruzados à beira do caminho.

A partir daqui o que faremos juntos é aprofundar-nos em todas as emoções desprazerosas, produto da não aceitação, para depois dar lugar ao antídoto por excelência: ACEITAR a realidade como o melhor que pode acontecer-me para despertar, evoluir e transcender.

Ao ter o olhar posto no que falta,
perco-me do que há.
A insatisfação não vem pelo
que o presente me dá,
vem por desejar o que não há.
Por 24 horas não vou lutar para que
o mundo se amolde a meus desejos.
Essa atitude ajudar-me-á a mudar a percepção:
o que considero mau agora é bom
e o bom... é ainda MELHOR!

Aceitar uma situação dolorosa é permitir-nos estar tristes.

A tristeza aparece com a *perda* de algo. Seja a perda que for: a de uma pessoa, de um objeto, de um determinado estado. Outras vezes o perdido pode ser um sonho, um desejo de querer que as coisas sejam de outra maneira.

Você só sente que perde algo quando algo lhe tocou o coração, afetou positivamente sua vida. Por isso, quando esse algo já não está presente, você se sente triste. Muitas vezes você só pode dar-se conta do importante que era a presença disso em sua vida diante de sua ausência.

As emoções podem ser diferentes, dependendo de cada pessoa, do significativo da relação construída com o perdido e de como se perdeu. Mas sempre resulta uma experiência dolorosa.

Muitas vezes a dor é tal que nos custa aceitá-la, então aparece A RAIVA COMO DEFESA CONTRA A DOR; com a zanga nos sentimos fortes, mas essa fortaleza é uma couraça que encobre muita tristeza e impede elaborar a separação. Dali continuamos unidos ao perdido a partir da raiva.

A realidade é que, cedo ou tarde, para nos despedirmos é preciso abrir caminho à tristeza para poder, assim, elaborar o luto. É necessário e saudável que isso ocorra.

A separação física é apenas o rosto visível de uma separação, cabe fazer com que a alma se despeça do que foi e já não está... e do que já não poderia chegar a ser.

O caminho para trabalhar a tristeza é aceitar a dor. Quando digo "que lástima que já não seja... que lástima o que nunca chegou a ser", ali podemos chorar a partir de um lugar de despedida do bem que isso teve, e ter um olhar esperançoso de que a tristeza, com aceitação e tempo, irá passar para dar lugar a outra coisa. Como quando atravessamos um túnel escuro onde não há nenhuma luz e a claridade vai aparecendo aos poucos até que vislumbramos a luz ao final do caminho. Assim como o sol segue-se à noite, depois da tristeza aparece a alegria, mas não podemos experimentá-la antes de atravessar a noite escura da alma. Esta parece interminável, mas não é. O sol sempre está presente e, no momento mais escuro, abre-se com todo seu esplendor. Dessa mesma maneira ocorre com o luto e a tristeza.

De modo que, quando aparecem esses momentos em minha vida, ajuda-me abraçar minha tristeza e escutar minha alma, que me diz: *"Confie, isto também passará"*. ☺

Emoções que aparecem ao não aceitar

Como refletíamos no trecho acima, esse não aceitar a tristeza aparece de duas maneiras claras, que incluem uma variedade de matizes. Uma é *enfurecer-me*, e então luto ativamente para mudar o que não me agrada. A outra é *resignar-me,* e, passivamente, desisto de mim e deixo de "participar da vida". Assim, a resignação e a ira são duas maneiras de não aceitar algo que nos dói. Mas, há muitos matizes entre ambas, e eles podem estar acompanhados por ANGÚSTIA ou ANSIEDADE.

A angústia

Provém etimologicamente de "*angusto* (=estreito)", tem a ver com uma sensação de opressão. Pode localizar-se no peito, na garganta, ou na boca do estômago. Também aparece vivenciada com "*não consigo engolir*", "*não posso respirar*", "*dói-me o peito*" etc. Com frequência, quando a tristeza é muita, aparece acompanhada da ideia de que não posso tolerar a dor, fecho-me "estreitamente" e me angustio. Costuma-se metaforizar a sensação com imagens como "*cheguei ao fundo do poço*", "*estou entre a cruz e a espada*", que remetem a situações cruciais, a algo que se esgotou, chegou a seu fim e necessita de uma resolução.

O antídoto da angústia

Quando *escuto* o que me angustia e permito a dor, algo se "afrouxa".

É uma situação limite que devo encarar e posso transcender. Ao fazê-lo é como a experiência de quem, ao mergulhar na piscina, toca o fundo, toma impulso e emerge na superfície. "Começo a renascer como a ave fênix." Se você está angustiado, preste atenção a onde sente isso, e mantenha-se presente com sua dor como proponho no exercício da aceitação. Dessa maneira você aprenderá a acompanhar-se até que encontre uma luz ao final do caminho.

A ansiedade

É outra emoção básica como o medo, mas, diferentemente desse, aparece quando algo me resulta agradável e quero entrar em contato com isso o quanto antes, e... quero-o JÁ!

É outra maneira de não aceitar (e impedir) a dor da espera. Há uma falta de tolerância quanto a tempos, ao processo relacionado a cada coisa. Quanto menos paciência, mais ansiedade. Percebe-se no corpo como que uma necessidade de movimento, necessidade de fazer algo. É gerada quando a pessoa quer entrar em contato com algo que imagina que vá satisfazê-la. Se isso não acontece, a ansiedade continua crescendo proporcionalmente a quanto se esteja necessitando satisfazer isso.

Há um montante de ansiedade que é saudável, pois mobiliza-me a entrar em contato com o que desejo e faz com que eu atue. Mas o que acontece, se não é o momento de atuar? Então, a ansiedade me tensiona e é muito provável que eu me centre em atos que não me satisfazem, embora me mantenham em movimento.

Muitas vezes a ANGÚSTIA está relacionada com a ANSIEDADE. Se estou atravessando um momento de dor e não quero entrar em contato com essa sensação, aparece a ansiedade como tentativa de resolver o que me angustia e, com ela, uma porção de "panaceias" como paliativo. A ansiedade encontra-se presente de forma quase permanente na voracidade.

Ali nada me basta, quero satisfação imediata, a necessidade é tão grande que nada a acalma por muito tempo. O que ocorre nesses estados é que *não se chega a ter em conta o que realmente se necessita,* e aí a ansiedade aparece como algo útil para ativar a busca; mas, exacerbada e acompanhada por uma pobre tolerância à frustração, sucumbe e, ao não alcançar a satisfação, encontra-a em entretimentos imediatos: consumo de drogas, álcool, trabalho, afeto, sexo, roupa, o que quer que seja. Não importa qual seja o elemento gerador de dependência, por trás sempre há uma necessidade e um impulso imediatista que costuma remeter aos primeiros anos de vida, como quando éramos bebês, ao que a psicanálise chama de fase oral. Na VORACIDADE há uma necessidade básica de afeto que a pessoa quer resolver a partir de fora. A proposta é aumentar os recursos internos para não cair na urgência, estar presente, cultivar a paciência e assim autoacolher-se, acompanhar-se. Escutar-se para saber o que realmente necessita e dá-lo a si mesmo lhe proporcionará satisfação e calma genuínas.

O antídoto da ansiedade

É aprender a paciência, ou seja, *que cada coisa leva um tempo.*

Na voracidade, se não me dou um tempo para ver de que necessito, vou buscar ser preenchido por qualquer coisa. Preciso de um tempo para reconhecer o que, de tudo o que o mundo me oferece, poderia preencher essa necessidade, e, depois de observar isso, de mais outro tempo para ver como posso consegui-lo sem prejudicar a mim mesmo, nem a outros.

O que é que me permite ter paciência?

A confiança em que tudo vai chegar no tempo em que deve chegar.

O que ajuda a ter essa confiança é saber que possuo um aspecto dentro de mim, que é minha parte adulta, que me diz *"Estou atendendo ao que você necessita, escuto o que necessita e estou procurando o que necessita"*. Mas se me desconecto porque realmente me angustia muito pôr-me em contato com minha dor, ou porque me parece muita responsabilidade e não quero encarregar-me disso, vou continuar com ansiedade e/ou angústia.

A raiva, a resignação e a depressão

Há um *quantum* de agressão necessário para avançar na vida com iniciativa, para morder os alimentos, para desconstruir o que se está fazendo e fazê-lo de modo diferente, para confrontar-se com o que estamos em desacordo. Ele ajuda a defender o que se deseja e/ou o que se necessita. Quanto mais rigidez e menos tolerância, maior é a agressão que se gera. Como quando a palavra não é ouvida e a justiça não é suficiente e "é preciso sair às ruas", batendo em panelas, fazendo ruído para defender-se da não escuta, por exemplo, ou a guerra que nós, argentinos, vivemos durante a ditadura, quando dois lados em confronto ideológico tentavam impor sua verdade com cada vez mais violência.

A fúria

Indicador de um limite baixo de tolerância à frustração e/ou de recursos internos pobres. Há mais dor do que eu posso suportar, não posso tolerar isso e fico com raiva. A reação de raiva pode ser variada e potencialmente perigosa. No momento em que a raiva se exacerba e deixa de preservar-me, gera ressentimentos, ódios, e a zanga pode levar à agressão física, a golpear coisas, quebrar coisas, causar dano a si mesmo ou aos demais. Quando a raiva aparece como uma maneira de não aceitação, propõe-se uma luta ativa em que o que quero é dar combate para mudar a realidade dolorosa. Na fúria eu me endureço junto com minhas forças para não me conectar com a tristeza que está por trás da raiva, e isso pareceria servir para defender-me ou impor minha postura. Mas apenas continua sendo mais uma maneira de interromper-me.

A resignação

Aceitar não é resignar-se. É comum confundir aceitação com resignação. Longe de abraçar o presente, a RESIGNAÇÃO é uma luta passiva contra a realidade.

Às vezes a resignação aparece depois de uma etapa de luta ativa, de raiva. Na resignação, escolho deixar de ser protagonista de minha vida para ser um simples espectador da mesma, como se dissesse *"Não há nada que eu possa fazer, mas, como não me agrada o que há, já não participo, posto-me à beira do caminho, observando"*. Faço como se não existisse, ignoro-a e parece como se nada me afetasse. Aí aparece a apatia, em que já não há pranto, nem alegria, apenas uma desconexão total diante da dor, e fico vegetando na vida, pois tudo que ela me oferece parece carecer de sentido. Por isso a resignação é caldo de cultivo para a depressão.

A depressão

É uma tentativa fracassada de não aceitar a tristeza.

Aparece como um quadro de relutância, produto do desinteresse pelo presente. Esse transtorno da vontade é acompanhado por muito sono, falta de concentração e perda da memória imediata, entre outras coisas. Algumas vezes a depressão vem de mãos dadas com a resignação e a apatia. Pode haver pranto, mas não um pranto reparador e sim um pranto de vitimização, de não aceitar como são as coisas. Se esse pranto falasse, diria *"Por que a realidade não é como me agradaria?", "Por que eu?!"*, e poderia estar seguido por sentimentos de culpa: *"Se eu tivesse feito isso e não aquilo..."*. Em qualquer dos casos, esta atitude não ajuda a elaborar a perda, nem a superar esse estágio; apenas agrega um sofrimento adicional à dor da perda.

Welwood (*Em Busca de uma Psicologia do Despertar*, cap. 12) define a depressão como "a perda do coração" que "aparece quando há amargura em relação ao que é". Ou seja, quando não quero conectar-me com a tristeza de uma perda, "retiro o coração" da experiência, retiro-o da vida. Imaginemos que temos dentro de nós uma fonte de onde brotam todas as emoções, bastando abrir uma só torneira, e que em um determinado momento aparece a tristeza. Como não quero conectar-me com ela, escolho fechar a chave a fonte de minhas emoções. Então, acho que tenho o problema resolvido, pois já não sinto mais tristeza, mas tampouco posso sentir alegria, nem iniciativa, nem esperança, nem emoção alguma. Ao cabo de algum tempo, tudo se tinge de cinza, nada me comove. Fechei a chave a fonte das emoções e *perdi a conexão com minha alma*. Quando me dou conta disso, aparece outra tristeza, a de ter-me desconectado da vida. Quando decido voltar a sentir, aparece o luto pendente de ser elaborado, com a mesma intensidade ou intensidade ainda maior do que quando o guardei. Porque essa parte minha que estava triste tomou dimensões enormes e, pior, sentiu-se só e abandonada.

Há casos em que a depressão aparece com causa conhecida; mas, em outros não há causa aparente. Pode ser vivenciada como uma nuvem que, de repente, tingiu tudo de cinza, ou como um manto de tristeza que a pessoa tenha carregado por toda a vida. Seja como for, por trás da tristeza esconde-se algo pendente de ser "pranteado", (se me permite a expressão) há luto pendente.

Como uma represa que se rompe, a fonte contida de nossas emoções pode romper-se e a tristeza inundar tudo. Quando isso ocorre, não resta mais do que se deixar levar e aguardar que se esgote. É como atravessar um túnel escuro, a noite escura da alma. Só quando você o percorre conscientemente poderá divisar uma luz ao final do caminho. Não retarde o que você tem que viver. Se há um luto por cumprir, faça-o, chore o que tiver que chorar.

O antídoto da depressão

É a tristeza. Quando me permito entrar em contato com o que me põe triste, com o que perdi, começo a elaborar o luto e a aceitar meu presente. Isso consiste em escutar o coração, abrir a chave de nossas emoções e chorar o que haja por chorar, tanto o que foi e já não é, quanto o que nunca chegou a ser. Converta o seu pranto num pranto reparador que lhe permita acompanhar e elaborar o luto. O tempo encarrega-se do resto. Depois vem o que é bom. **As perdas ajudam a resgatar o que de fato é valioso.**

A melancolia,
o desejo de morrer com o amado

A melancolia é algo mais grave do que a depressão, um luto mal resolvido. Uma boa elaboração do luto seria: *"Bem, isso se perdeu, eu o solto, isso ajuda-me a avaliar o que tive e o que tenho, e volto a estar no presente, tratando de construir algo"*. Na melancolia, em vez de soltar o objeto amado, apego-me ao perdido e desejo morrer junto. O objeto amado pode ser um trabalho, uma ideia, uma pessoa. Quem sente melancolia poderia pensar *"Isto morreu, já não é; como não o suporto, eu tampouco quero ser, quero morrer com isso"* ou *"Fiquei sem esse trabalho que significava tanto para mim e, a partir de agora, estou profissionalmente morto"* ou *"Minha esposa me deixou e baixei as persianas, jamais voltarei a amar"*.

Para transcender a melancolia, primeiro é preciso que você se distingua do que foi perdido. Quando você se identifica maciçamente com isso, seu ego está colocado em função daquilo que se perdeu, e tudo perde o sentido. Você É muito MAIS do que o amor que tinha pelo que se perdeu, retire o olhar daquilo que perdeu e enfoque-se nas coisas boas que o rodeiam.

Valorizar o que você tem... essa é a aprendizagem das perdas!

Desde que nascemos vamos perdendo coisas, perdemos o lugar seguro do ventre materno, perdemos a mamadeira, o brinquedo de que mais gostávamos, um amigo que se muda, o mascote que morreu; e assim vamos crescendo... Quando crianças entristecíamo-nos por cada uma dessas perdas e em pouco tempo as deixávamos ir, para voltar a entusiasmar-nos com o novo que a vida nos trazia! Se hoje você se sente melancólico, cabe despedir-se do passado com gratidão pelo vivido e recuperar sua curiosidade pela vida. Recupere seu olhar de criança e diga-se a si mesmo: *"Vamos ver o que vem agora?"*. Se você está triste porque os filhos deixam sua casa e o ninho fica vazio, entusiasme-se colocando a música que você tanto aprecia, assistindo os filmes que desejar, arrume o quarto que ficou vazio para usá-lo para o que considerar necessário agora, talvez para os netos que virão ou para receber hóspedes, ou para arrumar seu cantinho. O que lhe proponho é que você se dê permissão para chorar pelo que se foi e depois agradecer pelo vivido; tome de sua criança a esperança renovada que inspira a confiar em que o melhor... está por chegar!

Nostalgia,
quando todo o tempo passado foi melhor

Recomendo-lhe que veja o filme de animação Up, de Disney, para deixar de pensar que o melhor já passou, e desfrutar o que lhe é proporcionado pelo presente.

Muitos confundem a nostalgia com a melancolia. Por isso vou começar por esclarecer a diferença: No caso da melancolia, estamos grudados a um passado triste, doloroso; na nostalgia ficamos grudados a um passado feliz. Essa última é um estado que aparece frequentemente na terceira idade, porque perdem-se referências, gente amiga vai morrendo, o bairro vai-se modificando com a demolição ou reforma de casas, clubes, a paisagem se transforma. A saudade dos bons momentos vividos surge ao pensar-se que o melhor já passou e, por isso, escolhe-se viver de recordações prazerosas; a essa emoção chamamos nostalgia.

A nostalgia é uma tentativa fracassada de satisfazer uma necessidade válida que foi satisfeita no passado. Aparece, por exemplo, na saudade do clube do bairro. Ao frequentá-lo, experimentava-se uma sensação de que era "meu lugar", de ser parte disso. Então resgato essa emoção que me torna pleno e empreendo a busca de novos lugares de pertencimento. Se meu melhor amigo já não está presente e sinto falta da cumplicidade e intimidade que tínhamos, ao observar minha atual necessidade de intimidade e cumplicidade, posso abrir-me a cultivar novas amizades, gente que compartilhe os mesmos códigos, gostos etc.

Posso escolher deixar de viver de recordações para resgatar a necessidade básica que hoje precisa ser preenchida, e procurar satisfazê-la. Ou posso optar por satisfazê-la com recordações que podem ser muito prazerosas, mas aí estou habitando só minha memória.

O antídoto para a nostalgia pode ajudar você a distinguir a necessidade daquilo de que você tem saudade. Primeiro: observar de que tenho saudade. E depois, desapegar-me para identificar do que disso sinto falta, o que isso me oferecia, com que emoção me conectava. Em seguida buscar preencher essa necessidade. Esquadrinhar o hoje e detectar o que há para cobri-la. Aqui e Agora, recuperar o presente.

Se você sente nostalgia, lembre-se de que há algo bom esperando, disponível para você aqui e agora. Não o perca!

PARA REFLETIR:

De que você está distraído hoje?

- O que o distrai, ocupando exageradamente sua atenção?
- O que você pode agradecer hoje?
- Qual é o valor que você precisa recordar?

ESCREVA SEUS AGRADECIMENTOS
E COLOQUE-OS ONDE POSSA VÊ-LOS
NOS MOMENTOS EM QUE PRECISE.

"Não estás deprimido, estás distraído,
por isso crês que perdeste algo,
o que é impossível, porque tudo te foi dado.
Não fizeste nem um único fio de cabelo de tua
cabeça, portanto não podes ser dono de nada.
Além disso, a vida não te tira coisas,
libera-te de coisas. Te aligeira para que
voes mais alto, para que alcances a plenitude.
Do berço à tumba é uma escola, por isso,
o que chamas problemas são lições...
Faz só o que amas e serás feliz,
e aquele que faz o que ama está
benditamente condenado ao êxito,
que chegará quando deva chegar,
porque o que deve ser, será,
e chegará naturalmente...
Ama até que te convertas no amado,
mais ainda, até que te convertas
no mesmíssimo amor...
Não faças nada por obrigação,
nem por compromisso, senão por amor.
Então haverá plenitude,
e nessa plenitude tudo é possível...
E sem esforço, porque és movido
pela força natural da vida,
a que me levantou quando caiu o avião
com minha mulher e minha filha;
a que me manteve vivo quando os médicos
diagnosticavam-me três ou quatro meses de vida...
Deus encarregou-te de um ser humano, e és tu mesmo.
A ti próprio deves tornar livre e feliz,
depois poderás compartilhar a vida verdadeira com os demais.
Não estás deprimido por algo que aconteceu, mas
distraído do todo que existe agora mesmo."

Extraído da poesia de Facundo Cabral

O presente é o melhor que poderia
estar-lhe acontecendo. Confie!

A confiança é a chave. *É o antídoto para a aceitação da dor e da tristeza.* Ao confiar, posso abraçar o presente e ser feliz.

Confiança em dois sentidos: no mundo interno e no mundo externo. A confiança no mundo interno implica confiar em que tenho os recursos para enfrentar as provas que se apresentam no dia a dia; cada dia tem suas atribuições... Confiar no externo implica que não estou sozinho, a existência me sustém, por isso sempre aparece o que necessito para minha evolução. É a confiança na providência divina, ou energia suprema, ou também pode chamá-la a lei da natureza ou o processo da vida, como você queira invocar, de acordo com seu sistema de crenças, àquela energia que sempre foi, é e será.

Quanto mais confiança tenho em que não há prova que me seja colocada que eu não possa superar, tanto mais posso dar as boas-vindas aos momentos difíceis. Perceber os problemas como obstáculos a serem varridos e desafios para crescer.

Posso sofrer uma separação de um ser querido, uma perda de trabalho ou financeira e, apesar da dor, sentir que a vida continua e que coisas boas vão continuar aparecendo, e que tudo é por alguma coisa. Muito raramente posso compreender a mensagem no momento em que a vivencio. Costuma-se ver a aprendizagem com maior clareza em retrospectiva.

Ao olhar para trás em minha vida, posso recordar momentos dolorosos que jamais teria imaginado poder atravessar, mas que, ao aceitá-los, saí fortalecida.

As perdas têm uma mensagem a nos dar: "VALORIZE O QUE VOCÊ TEM". A consciência da morte e do efêmero da vida deve fazer com que possamos desfrutá-la ao máximo! Também o faz a consciência de que o AQUI E AGORA é o único momento que você realmente pode habitar, viver.

Compartilho aqui com você uma oração de santa Teresa de Ávila que me acompanha muito e que, para mim, define claramente a confiança na providência. Ela diz:

> *"Que nada te perturbe,*
> *nada te espante,*
> *tudo passa,*
> *Deus não muda.*
> *A paciência tudo alcança.*
> *Quem a Deus tem, nada lhe falta:*
> *só Deus basta!"*

Ao lê-la recordo que sempre estamos sustentados por uma energia superior.

Em um momento difícil para mim chegou-me ao celular uma mensagem de texto que dizia o seguinte: *"Querido*

Deus: a mulher que está lendo isto é bonita, forte e quero-a muito. Ajuda-a a viver sua vida ao máximo e a brilhar nos lugares mais escuros, onde é impossível amar. Protege-a sempre, levanta-a quando mais necessite de ti e faz com que saiba que quando caminha a teu lado estará sempre a salvo". A mensagem de Franco chegou no momento oportuno, sem que ele se o propusesse... quando a li, abri-me a esse pensamento e imediatamente pude aceitar o que me acontecia, já não me senti só, recordei essa Presença Suprema de amor que me sustém. (Que não nos distraia o que não vale a pena.)

Quando falo da aceitação como caminho para a mudança, falo de que não posso estar em outro lugar, nem de outro modo senão como estou agora e, seja para onde queira ir, tenho que partir daqui. Portanto, abraço este estado atual como o melhor que me pode acontecer para tomar consciência do que minha alma necessita, e agradeço por isso! ☺

> CABE AQUI FAZER UMA IMPORTANTE REFLEXÃO, que nos ajudará a evitar cair num erro bastante comum: devemos ter presente que um pensamento positivo em relação a uma situação, NÃO é o mesmo que NEGAR a existência dessa situação.

Analisemos o seguinte exemplo: Danny, que tinha uma enfermidade nas articulações, viu o filme *O Segredo*, que

> É importante não confundir um pensamento positivo com um negador.

fala da lei da atração, de como uma pessoa atrai para sua vida aquilo que pensa. Comovida com isso, propôs-se a pensar em si mesma como uma pessoa saudável e deixou de tomar a medicação prescrita por seu médico. Entendeu que, se ela criou para si a enfermidade, negá-la seria suficiente para curar-se. Pois... piorou!

Cuidado ao confundir um pensamento positivo com um pensamento negador. Quando Danny aprendeu a assistir sua parte doente e a querer-se bem apesar disso, voltou a cuidar-se tomando sua medicação e fazendo os controles necessários, brindando sua parte necessitada com a seguinte mensagem:

"Vou focalizar-me em tudo de bom que tenho para cuidar de você, acompanhá-la e seguir adiante."

E os sintomas de Danny reverteram-se. Aprender a acompanhar-se permitiu-lhe sentir a si mesma e estar agradecida à vida, a valorizar e desenvolver outros aspectos de sua personalidade, que se achavam debilitados ou negados.

Quando agradeço, estou colocando o olhar *no que há* e a partir dali posso melhorar, mas não a partir de outro lugar!

Quando digo "não" a algo, há outra coisa à qual digo Sim. Para fortalecer o olhar ao que há, é necessário eleger esse pensamento positivo como ponto de partida e guia para acompanhar-me.

É vital ter em conta que o que está desarmonizado em sua vida é apenas isso, *algo*, um aspecto seu, NÃO SUA VIDA. Não se identifique com isso dizendo: *sou* viúva, *sou* viciada, *sou* gorda, *sou* paralítica, *sou* pobre... *sou, sou...* Você É muito mais que isso!

Você não é, está... esse jeito de estar hoje é consequência de um jeito de estar passado e, nesse hoje, está criando seu amanhã... De modo que: atenda amorosamente o seu presente, abrace-o, semeie nele o que quer colher, abandone o que lhe resulta tóxico, pense criativa e construtivamente, com gratidão pelo recebido e por tudo que virá.

É comum crer que a felicidade é estar sempre no cume, num estado de alegria ou exaltação contínuas. Aceitar estar tanto no cume como no vale, começar a desfrutar a vida onde ela me encontra, esta é a maneira de viver em plenitude.

Viver plenamente a vida implica habitar todos seus momentos sem querer ir-me. Quando assumo este compromisso, aceito minha humanidade, minhas limitações. Somente aí esteja presente ou esteja "faltando-me a mim mesma", seja abandonando-me, seja com áspera crítica – posso "dar-me conta de". Posso deter-me a observar-me, observar a maneira como estou me tratando e, então, alterar minha assistência interna para oferecer-me amor incondicional. E, se não posso fazê-lo, então simplesmente observo o que me impede, mantendo-me em companhia de meu limite.

Como diz Toñin: *"Ama-te quando menos o mereças, que é quando mais o necessitas."*

À medida que muda a relação comigo mesma, vai mudando a relação com os demais e também se produzem mudanças em meu entorno.

Nos próximos capítulos descreverei a fenomenologia das emoções, para que, a partir da compreensão do que sentimos, possamos acompanhar-nos amorosamente. Descobrir quais são as necessidades que "disparam" nossas emoções básicas ajuda-nos a assisti-las.

Convido você, a cada vez que se identificar com uma situação emocional, a realizar os exercícios que lhe ofereço, a fim de poder *vivenciar* o que até aqui foi expresso em palavras, compreendendo não só com sua mente, mas também com o coração. (Para realizá-los, tenha presentes as dicas propostas no início do livro.) Se você preferir não fazê-los, ao menos já sabe qual a atitude de ajuda necessária para acompanhá-lo *"cuando las papas queman"*, como dizemos na Argentina, quando há urgência, ou *"quando a chapa esquenta"*, como dizem no Brasil. Este é o ponto: um bom amigo está presente nos bons e nos maus momentos, não desaparece nem nos ignora quando estamos mal. Temos que aprender a ser bons amigos de nós próprios. Há muitas vezes em que não sabemos como nos conter, mas o importante é poder permanecer conosco próprios, com uma presença incondicional que se baseia no amor e que cultiva amor.

Uma presença aliviadora... Mas o que vem a ser essa *presença aliviadora?*

Para descrevê-la vejamos um exemplo. Já que neste capítulo falamos das perdas, imagine o que você faria se morresse alguém próximo de um amigo seu? A resposta imediata é "estar presente". E isso é não dizer e nem fazer nada mais que isso, estar presente, porque estar presente é tudo, não há ação, não há nenhuma palavra que alivie, apenas presença. Então, se você estiver triste, acuda-se com sua presença no centro de sua dor, expresse com seu silêncio *"estou aqui, chore tudo que tiver que chorar, vou apoiá-lo, esteja você disposto ou não, tenha vontade ou não; está tudo bem, estou aqui, fico ao seu lado para o que você necessite e o acompanho".*

Com o próximo exercício que proponho, vamos abraçar-nos para cultivar essa presença incondicional e amorosa diante de nós mesmos.

Passos para A ACEITAÇÃO ANTE A DOR

1. PERMITA-SE!
Recorde sua humanidade, você pode estar como está neste instante.

2. ESCUTE-SE!
Vá ao centro de sua emoção e permaneça em contato com ela pelo tempo suficiente para ver o que é que está sucedendo. Pergunte à sua parte necessitada: "Como você se sente? Onde, em que lugar do corpo? E de que precisa para sentir-se melhor?".

3. Assista-se!

*Dentro do possível, faça o que estiver ao seu
alcance para atender a sua necessidade, e,
se não souber como, busque a ajuda de
um bom terapeuta.*

*(incluímos, mais adiante, um capítulo para que
você possa identificá-los). O fato de você estar
presente já é companhia e alivia; você pode dar
a si mesmo uma palavra de alento, ler um livro
com pensamentos acolhedores, ver um filme
ou falar com um amigo que aceite você e
permita-lhe ser você mesmo. Na medida
do possível, NÃO SE INTERROMPA.
Deixe como último recurso os paliativos
e as distrações, pois só aliviarão você
momentaneamente, mas não resolvem.*

Uma vez que você atender sua necessidade, a emoção desprazerosa se vai, muda-se, pois já não precisa estar presente, já não precisa dar mais sinais de alarme, porque você a escutou! É isto o que você tem que entender: A dor só se instala e cresce quando não é atendida. Por isso a aceitação é o caminho para a mudança. Paradoxalmente, porém, você só pode aceitar-se quando se esquece da intenção de mudança.

Li um conto de J. Bucay sobre uma pessoa que estava perdida no meio do campo e tinha que chegar a uma cidade. A pessoa ia parar num posto de gasolina e perguntava a um atendente como chegar a essa cidade. E o empregado respondia: "Se você tivesse dobrado à direita estaria perto da rodovia e, a partir dali, eu poderia indicar-lhe, pois seria fácil chegar porque a partir dali é tudo direto, mas, a partir daqui?! Não sei como dizer-lhe... a partir daqui?!..." O atendente ficava pensando por alguns segundos e depois completava: "Claro que, se tivesse dobrado à esquerda há 20 minutos, não é direto, mas também poderia indicar-lhe, porque se estivesse mais perto da rodovia seria mais simples, mas a partir daqui?! Mmm... A partir daqui é muito difícil chegar a essa cidade".

Muitas vezes estamos como o empregado do posto de gasolina. Fica-nos difícil visualizar um caminho que nos permita chegar aonde queremos ir. Mas a realidade é que não nos resta outra opção senão partir desde onde estamos agora. Hoje você está aqui; assim, você não pode estar diferente, é o que há. Para partir para onde você necessite ir, deverá, irremediavelmente, partir desde o seu lugar reconhecido e aceito no aqui e agora, no ponto onde está. Essa localização é vital para retomar o caminho.

Lembre-se de que, ao aceitar-se 100% com o agradável e o desagradável, você está se integrando e desenvolvendo seu amor incondicional!

Algo que observo nas consultas, e ultimamente com maior frequência, são pessoas que chegam com um grande mal-estar, que desejam estar melhor, mas se manifestam irritadas consigo mesmas por estarem como estão, e então expressam palavras como: *"Há um tempão que estou assim e não saio disso."* Muitas insultam a si mesmas: *"Sou uma estúpida"*, *"Eu sou um tonto"*, *"Eu não me dou conta"*, *"Eu não aprendo mais, outra vez caí na mesma situação"*...

Essa atitude desqualificadora, desvalorizadora, vitimizadora NÃO ajuda. É a primeira coisa de que você tem que dar-se conta: quando isso lhe occorre, você está se desintegrando, não está se dando apoio, mas colocando-se na calçada oposta, deixando-se sozinho com seu pior inimigo.

Imagine que você tem dentro de si uma criança de 3 anos, sentindo-se mal, e, em vez de escutar o que lhe acontece, você lhe grita: *"Olhe como você fica! Você não pode sentir-se assim! Que vergonha! Não chore, não chore!..."* Você crê que dessa maneira a ajudará? Imagine que diferente seria se lhe peguntasse: *"O que há com você? O que a incomoda? Estou aqui para ajudá-la, diga-me de que precisa para ficar melhor"*. E, se ela não conseguisse responder-lhe, você, criativamente, começaria a buscar recursos para descobrir o que lhe acontece, observando, por exemplo, quando começou a sentir-se mal e o que possa ter ocorrido. A proposta é, nem mais nem menos, que você se trate BEM. Como uma mãezinha ou paizinho amorosos, como se você fosse o melhor amigo de si mesmo! (Se até aqui você ainda não tiver ideia de como se faz, esteja certo de que ao terminar este livro... você a terá!) Quando me olho sem julgamento nem crítica, rejeito as ideias quanto ao que deveria ser e abraço o que há, o que se dá neste momento; quando aprendo a aceitar-me incondicionalmente, nesse instante a transformação acontece.

Observemos que atitudes temos para conosco próprios. É o adulto que sou quem tem que aprender a chegar à criança que há em mim, à minha criança interior. É necessário que aprenda a fazê-lo. Em primeiro lugar, devo identificar como me trato. Em segundo lugar, devo tentar tratar-me melhor.

Em resumo: olhe amorosamente para o que você é, não se culpe, não tema as sensações desagradáveis; são apenas sinais de que há algo a resolver, mantenha-se em contato com elas para observá-las. Permanecendo nisso pelo tempo suficiente, você descobrirá o que necessita e poderá procurar o que precisa para assistir a si mesmo, e transcendê-las. Pois, a dor acalma-se quando é atendida. Portanto, a proposta começa com um primeiro passo, o da ACEITAÇÃO de minhas emoções, assumir as rédeas de mim mesmo aqui e agora.

Aceitar consiste em abraçar o presente como o melhor que me poderia acontecer visando meu aprendizado. O passo seguinte é acolher essas emoções desprazerosas.

> *"A dor não existe para fazer você sofrer,*
> *E sim para torná-lo mais consciente!*
> *E quando você é consciente*
> *O sofrimento desaparece."*
>
> Osho, *Take it Easy*, vol. 2, cap 12

EXERCÍCIO PARA RECONHECER NOSSA DOR
(lembre-se das dicas p. 23.)

- Dê voz ao seu sintoma; o que ele diz?

pegue um lápis e complete as seguintes orações, respondendo na primeira pessoa, como se o sintoma falasse:

- Eu sou o sintoma de ....
(complete com seu nome)

- Estou localizado ....
(em que parte do corpo)

CARACTERÍSTICAS:
- Eu, sintoma, sou ....
....
(descreva suas características e qualidades)

- Estou aqui desde ....
....

- Apareço nos momentos em que ....
....

- Faço-me notar desta maneira ....
....

- Quando apareço, modifico o comportamento dessa pessoa fazendo...
....

- Quando apareço, o entorno dessa pessoa torna-se,
....

- Deixo de fazer-me perceber, diminuindo ou desaparecendo, quando ....
....

- O que desejo dizer à pessoa que habito é ....
....

- Apareço nela para que ....

NÃO SE PREOCUPE SE ALGUMA FRASE FICAR INCONCLUSA
OU UMA PERGUNTA SEM RESPOSTA.

• Agora, volte a ser você mesmo observando sua dor. Como a vê agora? Como se sente a respeito dela?
....
....

DE QUE VOCÊ CONSEGUIU DAR-SE CONTA? ESCREVA-O!

Assim como uma criança que não é ouvida e atendida diante de sua necessidade, apareço diante de minha dor perturbado, esperneando, gritando. Outras vezes, impotente, sem saber como afrontá-la ou decidir "não fazer isso" porque incomoda e me desorienta, resisto-lhe ou ignoro-a. Tudo reações de NÃO ACOMPANHAMENTO.

Quando, por outro lado, me faço presente com a dor, olho-a nos olhos, vejo-a, registro-a, acompanho-a, é provável que comece a diminuir em intensidade ou a desaparecer. Aprendemos a conviver em paz com nossa dor. Ou, se a dor era só do ego, ela desaparece. Assistindo-nos, assistimos a nossa criança interior. Para isso, para abraçar nossa criança interior, necessitamos, por um lado, resgatar a dor original, validá-la, ver e descobrir de que necessito, o que me incomoda hoje em minha vida e de que maneira posso atendê-lo. Posso escolher reconhecer-me e assumir-me como um adulto acolhedor, amoroso, ou olhar para outro lado, distrair-me e ignorar o que sinto.

Para atender nossa criança interior devemos serenar, contemplar-nos... (Não existem receitas de outros, nem enciclopédias ou livros que lhe digam o que fazer.) A chave está no olhar para nós mesmos.

Pois bem, então basta que você consiga ficar presente consigo mesmo, respirando, em contato com o que há, com isso que dói. A criança que há em você irá dizer-lhe do que necessita e como você poderá ajudá-la. É questão de confiar.

Lembre-se de que essa capacidade de amor incondicional onipresente é um dom, todos o possuímos desde que nascemos, porque vimos do amor e somos parte dele.

VOCÊ É AMOR. Se em algum momento de seu caminho você se esqueceu disso, somente tem que se recordar. Ninguém lhe ensinou a respirar quando você nasceu. Você nasceu e respirou. Ninguém ensina a amar. Você somente tem que recordar. É questão de voltar a abrir o coração.

> "Recordar": etimologicamente "re"="voltar" "cordis"="coração" Significa: voltar a passar pelo coração.

EXERCÍCIO PARA ACEITAR

1. Identifica qual emoção desagradável você desejaria modificar e que esteja sentindo neste momento de sua vida. (Pode ser uma irritação com alguém, algo que lhe doa ou que lhe dê medo, lhe provoque muita raiva, algo que queira modificar em relação a alguém ou a você mesmo; também pode ser algo que você queira mudar em sua personalidade. (Escolha apenas uma).

2. Conecte-se com essa dor. Atente para o que lhe dói e observe que efeitos há em seu corpo quando você se conecta com ela. (Como me sinto com essa situação que me dói?)

Simplesmente quero que você observe como isso lhe afeta no corpo e o identifique, o situe em algum lugar concreto do mesmo.

3. Abandone as tentativas de controle. Em vez de tentar conseguir que isso desapareça (que é o que nos acostumamos a fazer por aí na vida), ou distrair-se, pensar em outra coisa tratando de aliviar-se... hoje você vai fazer algo diferente, vai acompanhar a si mesmo em sua dor. Permita-se: Inspire pelo nariz, leve o ar para onde está a dor e dê-lhe espaço exalando desde esse lugar. Cada vez que fizer isso será como dizer à sua dor: "Estou presente, estou aqui, não a deixo só." Você respira e leva-lhe ar... e exala lentamente através dos "poros" de sua dor... Respirando você vai gestando presença.

4. Para maior identificação, faça um desenho e escreva o que mais o machuca.

5. Visualize-a, como se a focalizasse com uma câmera desde o interior de seu corpo. Descreva-a, objetive-a... Dói a partir de dentro para fora? É algo estirante, é algo perfurante? Como incomoda?...

6. Descreva a sensação: sua duração, sua intensidade, sua cor, sua extensão... sem reprimir, sem intenção de modificar nada, darei permissão a essa dor para que faça e modifique o quanto queira.

7. Acompanhe-a. Assista-a com a respiração e deixe que seja: que cresça, que se mova, que se expanda... você está presente contemplando-a... Inspire profundamente e habilite-a a estar:

"Pode ficar comigo. Estou aqui, não me vou, estou escutando-a. Estou assistindo-a com minha respiração porque quero compreender o que é que lhe dói tanto. Talvez nunca tenha-me dado tempo para ouvi-la, mas agora estou aqui presente. Não sei se posso fazer por si algo mais que acompanhá-la. De modo que vou levar-lhe ar e estarei presente. Deixarei com que seja...

Caso cresça, caso mude de cor, caso algo for-se modificando, caso me tome mais o corpo, caso incomode de maneira diferente, vou dar-lhe permissão."

Levo ar e exalo "desde os poros" da dor ou
do incômodo. A exalação é através desse lugar
que incomoda. Não para aliviar, simplesmente
para estar presente em minha dor. Cada
hausto de ar que lhe entrego é como dizer
à minha dor:

> "Você pode existir, pode ficar, eu estou aqui
> e não me vou. Continuo assistindo-a
> com minha respiração."

Observo o que ocorre,
observo-me e vou aprendendo,
também como adulto, que,
ao dar espaço à minha dor,
dou-me conta de que posso tolerá-la.
Posso observar se custa dar-lhe espaço e
se ainda estou tentando fazê-la desaparecer.
E então posso permitir-me experimentar
como seria dar-lhe permissão
e deixar de lutar com isso...
inspirar e exalar a partir dali.

Fique alguns minutos assistindo-se com a
respiração, sem outra intenção senão
contemplar o que ocorre em seu corpo...

Observe: Como está agora? Até onde lhe toma?
Que cor tem? Algo se modificou? Qual a sensação
de estar presente com o meu mal-estar?
Posso habitá-lo?

Inale e, mais uma vez, leve o ar até o centro
da dor e exale a partir dali.

Qual a sensação?

Repita o mesmo por mais sete vezes...

Lentamente tome consciência
de como estão seus pés... suas mãos...
e abra os olhos para tomar consciência
de como você se encontra aqui e agora
com relação à sua dor.

Como foi a experiência?

3 - TUDO QUE VOCÊ NECESSITA É AMOR
Estou girando como um satélite em torno do outro para obter amor

---

Abrace sua criança interior! ☺

Eu poderia comparar a sensação de minha infância com a imagem de um buraco sem fundo, onde **todo o afeto que me ofereciam resultava insuficiente.** Vivia com uma sensação de carência. Somente pude satisfazer essa dor quando aprendi a acolher-me a mim mesma.

Quando era menina não existiam os celulares que hoje nos mantêm tão "conectados", de modo que, ao chegar em casa, eu tinha o costume de perguntar à minha mãe *"Alguém ligou?"* Se ela respondia que não, eu imediatamente vociferava em voz alta: *"Ninguém me quer"*. Essa ocorrência repetia-se cada vez que chegava à minha casa e constatava não ter recebido chamadas. Mas, um dia, a resposta de mamãe mudou. Ao perguntar-lhe se alguém havia me chamado, ela respondeu diretamente: *"Não! ninguém te quer!"* A resposta deixou-me perplexa, como quem recebe um balde de água fria... 😯 e, em seguida, começamos a rir. ☺ Às vezes deleitamo-nos no drama, e quando alguém de fora "espelha-o" para nós, ajuda-nos a tomar consciência de como estamos interpretando os fatos de nossa vida.

A realidade é que embora hoje reconheça meu exagero e este me resulte engraçado, naquela época era para mim um drama que só o senso de humor ajudou a suportar.

A voracidade afetiva era proporcional à carência, e a isso dediquei uma parte de minha vida a ver como preencher meus vazios.

Depois dos 18, a sensação que mais se aproximava de plenitude era a de "sentir-me amada" por meu namorado, mas ao final nunca a alcançava... criava dependência e gerava reivindicações. Minha carência era uma mochila difícil de levar, necessitava que "outro" se encarregasse.

Pelo caminho encontrei-me com muitos a quem ocorria o mesmo que a mim, e, também, pude reconhecer a outros que, pelo contrário, eram especialistas em carregar a mochila dos demais. Os primeiros, tinham a escuta pobre: os segundos eram "todo ouvidos". Ou muito centrados em si, ou muito fora de si próprios, a ambos ocorria-nos o mesmo: havíamos perdido nosso eixo. Era isso, estávamos descentrados!!!

O centro de mim mesma deslocou-se, estou girando como um satélite em torno do outro. Às vezes para atender suas expectativas, mas na maior parte do tempo para que cubram as minhas. Uns com energia centrípeta, outros, centrífuga. Mas ambos com a mesma motivação: obter amor.

Apenas quando "vi" que tinha um vazio de amor e o habitei, perdi-lhe o medo e encontrei paz... pois estava comigo fazendo-me companhia. Já não me sentia só, eu estava presente. Ao estar em meu vazio pude escutar minha carência e, assim, de vez em quando, podia satisfazê-la. Nesses momentos sentia-me plena. Uma vez li que a solidão era a "idade do sol". Está bom para definir como me sinto nos momentos em que percebo o calorzinho de minha presença, lançando luz no que me acontece.

A chave foi deixar de olhar para o outro e começar a atender a mim mesma. Este capítulo vai para os que estão nesse processo. Nossa criança interna é o canal perfeito para nos conectarmos com nossa alma.

Ela nos oferece criatividade, espontaneidade e alegria de viver. Todos conservamos uma criança dentro de nós. É aquela parte brincalhona e espontânea que nos permite amar, criar e desfrutar a vida... entretanto, também é o aspecto mais vulnerável e necessitado. Somente ao entrar em contato com nossa criança interior, abrimos caminho à autenticidade.

Muitas vezes nossa criança tem feridas por cicatrizar ou necessidades insatisfeitas de nossa infância, que arrastamos em nosso presente. A ferida do *"não sou suficientemente bom"* reabre-se a cada vínculo significativo, especialmente com nosso parceiro ou filhos. Seja como for, o sofrimento de nossa criança interior ainda clama por ser atendido e curado. O que ficou pendente por resolver espera ser encerrado e faz-se presente recriando realidades parecidas à dor original, especialmente nos vínculos de maior intimidade. Um paciente dizia-me que lhe doía que sua esposa não o priorizasse, e que era a mesma dor que sentia em relação a seus pais. Quando nos apaixonamos, surge a ilusão que diz *"apareceu alguém que me ama e já não vou mais sofrer!"*. E, ao entrar em intimidade, com o tempo, o outro toca-me justo nessa ferida que eu tinha aí, pendente de cicatrizar. Outras vezes, a expectativa é colocada nos filhos: *"Este filho vai fazer-me feliz; agora sim, sinto-me completa!"*. E assim a ferida original costuma reeditar-se...

"Não é você quem traz a sua ferida.
Com seu ego, todo seu ser é uma ferida e você a traz consigo.
Ninguém tem interesse em
causar-lhe dano intencionalmente.
Se cada um está interessado em salvaguardar-se da dor
de suas próprias feridas,
quem poderia ter a energia para fazê-lo?
Mas, ainda assim, sucede...
porque você está tão disposto a que se lhe fira,
somente esperando que suceda...
Seja consciente de sua ferida.
Não a ajude a crescer, deixe que se cure
e se curará unicamente quando você for às raízes.
Quanto menos você estiver na cabeça,
mais irá curar-se a ferida."

Osho, *The Empty Boat*, cap. 10

Ir às raízes é aceitar a dor. Tudo que fazemos para evitar o contato com ela só faz com que permaneça. Não se cura a partir do pensar, embora haja pensamentos que resultem acolhedores. Precisamos conectar-nos com o sentir. Uma mudança de consciência não é bastante (embora você possa começar por intelectualizá-la, se isso o tranquiliza) para transcendê-lo, cedo ou tarde você terá que vivenciá-lo.

A proposta deste capítulo é que você possa ser consciente de sua ferida para saber o que precisa curar.

Ao curar sua ferida original
você ressignifica seu passado,
desfruta seu presente e transforma seu futuro!

Ora bem, talvez você não esteja consciente de sua ferida e pense "meus pais foram amorosos comigo, eu não tenho uma criança ferida". Pode ser que você não tenha feridas pendentes a curar, mas permita-me dar-lhe uma notícia: Todos tivemos uma criança ferida.

Suponhamos que nossos pais tivessem a oportunidade de estar sempre amorosamente presentes e que toda a aprendizagem que eles detinham, nós a herdamos geneticamente. Ainda assim, ao experimentarmos necessidades diferentes das deles, há um acúmulo de necessidades que nossos pais, como seres diferentes de nós, não puderam satisfazer. Por mais esforço amoroso e acolhedor, em algum momento todas as crianças temos experimentado a carência, a falta de satisfação que provoca solidão e sentimento de abandono.

Todos conhecemos muito bem essas emoções. Aparecem quando nossos pais não puderam satisfazer uma necessidade válida que tínhamos. Seja tanto por uma limitação externa: estarem ausentes por questões de trabalho, ou carecerem de recursos materiais; quanto por uma limitação interna: ninguém, como pai, pode dar o que não teve como filho; ou porque estavam enfermos, por sua educação ou pelo cultural... Observe seus avós; pergunte a seus pais como foram tratados. Nossos pais são um modelo melhorado de nossos avós e nós somos um modelo melhorado de nossos pais. Assim evolui a humanidade. Todos os filhos têm necessidades que os pais não vão poder satisfazer. E graças a Deus que é assim! Imaginem como seria se nossos pais pudessem dar-nos todo o necessário. Não teríamos interesse em buscar nada fora de nossos lares! Graças à limitação de nossos pais, saímos para o mundo na adolescência em busca de modelos com os quais identificar-nos e preencher nossas carências. Assim nos enamoramos e criamos nossa própria família.

Temos, "introjetadas", certas atitudes e hábitos de nossos pais. Alguns deles são nutritivos, e outros, tóxicos. Desaprender esses últimos resulta muito trabalhoso. Consegue-se fazer isso ao tomar consciência, aumentando e tornando mais aguda minha observação, para "desautomatizar-se", sair do piloto automático e assumir o volante do carro de nossa vida.

O importante é acompanhar este processo com AGRADECIMENTO. Pelo que teve de agradável, que é o mais fácil de agradecer, mas igualmente pelo desprazeroso, pois o que não me foi dado ofereceu-me a possibilidade de aprendê-lo por mim mesma e ao meu modo. Tudo o que vivi contribuiu, claramente, para que hoje possa estar escrevendo para você. Tudo o que você viveu até hoje contribuiu para que agora o esteja lendo!

Como foi ferida nossa criança interior?

Retomemos a ideia inicial: Nascemos e vivemos nossos primeiros passos num estado de dependência total. As pessoas que cuidam de nós são todo-poderosas. Elas nos alimentam, deixam-nos ir brincar, proibem-nos coisas, têm total poder sobre nós. Quando crianças não podemos vê-los como seres limitados, são todo-poderosos.

E damos um passo mais a partir daí: se nossos pais não conseguem atender uma necessidade básica nossa, tal realidade aparece acompanhada da ideia de *"porque não o mereço"*, *"não sou suficientemente bom para que me atendam como necessito"*.

Renunciar ao ideal para amar o real

O manto de onipotência com que cobrimos nossos pais quando somos crianças nos impede de vê-los com sua humanidade. Recém-entrados na adolescência podemos reconhecê-los como seres limitados em sua capacidade de amor. Então aparece a raiva e, com ela, a sensação de incompetência de nossos pais. *Minha* incompetência volta-se para a incompetência *deles*. Aí passei do *não sentir-me suficientemente bom* ao *vê-los insuficientes*. A única maneira de sair do círculo de *"eu não sou suficientemente bom"* – *"eles não são suficientemente bons"* é renunciar aos pais ideais que gostaríamos de ter e não tivemos.

Observar sua humanidade nos ajudará a recuperar os pais reais, a perdoar suas faltas e valorizar o bem que fizeram por nós (por exemplo, para que neste momento você possa estar lendo estas páginas). Eles foram responsáveis por muitas vivências de nossa infância, não culpados e merecedores de um castigo.

Só se pode chegar ao perdão autêntico quando transcendemos a raiva e acompanhamos a dor que nos causou a falta. Muitos tentam chegar ao perdão saltando esse passo, e a dor sempre volta a aparecer, reeditada. Eles deram a você o que puderam ou o que quiseram, a partir de suas capacidades e circunstâncias. Só posso perdoá-los ao reconhecer suas limitações internas e externas.

Ora bem, chegado esse ponto, surge uma nova sensação: a sensação de vazio e tristeza. Já não os culpo pelo que não me deram, mas o que faço com minha carência? Porque hoje ela continua existindo e reaparece tingindo cada um de meus vínculos mais íntimos.

Talvez você pense que o que necessita para saná-la provenha do passado e que, desse modo, não há mais remédio. Pois não é assim!

Tal como veremos mais adiante, no capítulo do apego, você deve aprender a discriminar sua necessidade daquilo que pode satisfazê-la. Essa necessidade ainda está pendente de ser satisfeita e é válida; o que você não pode é continuar esperando que isso lhe seja provido por outro.

É necessário que você esteja *presente* para atender à sua ferida. Quem, senão você, que a conhece melhor do que ninguém, para ajudá-la a cicatrizar? Quem, senão você, que está presente às 24h para curá-lo?

E neste ponto continua meu trabalho e começa o seu: ajudar você a aprender a assistir-se. De início, reconhecendo sua dor. Depois, encarregando-se dela, proporcionando-se o seu próprio consolo.

Sua criança interior pode ter sido ferida de muitas maneiras.

Refletimos anteriormente que, por seu alto nível de dependência primária, a criança é sumamente vulnerável ao poder exercido pelos adultos. E que por isso fica facilmente exposta ao abuso: sexual, físico, emocional, ou a situações de vergonha, seja por negligência, abandono ou maus-tratos.

A *criança ferida* aparece na vida adulta, segundo John Bradshaw, com condutas mal adaptadas tais como: codependência, disfunções da intimidade, desordens narcisistas, desconfiança, repetição de situações do passado no exterior ou no interior de si mesmo, crenças mágicas, vícios ou compulsões, indisciplina, condutas ofensivas, vazio, apatia ou depressão, distorsões do pensamento: absolutistas ou generalistas, ou pensamento egocêntrico... E assegura que a dor da infância reaparece na vida adulta com condutas infantis. A pessoa diz coisas impertinentes, faz coisas que não lhe trazem resultado, não consegue fazer frente aos problemas de maneira adequada para resolvê-los, e tem vivências ou reações que não respondem ao que sucede no presente. O presente abre uma ferida antiga e a pessoa adulta comporta-se como essa criança, respondendo a partir da situação que permaneceu inconclusa.

As respostas são desproporcionadas, pois têm a ver mais com algo do passado, que ficou pendente de ser encerrado, do que com o que sucede no presente.

Hoje, quando essa ferida se reedita, não podemos esperar que nossos pais a atendam... Mas se nossa criança interior chora, quem irá atendê-la?

Somos nós, os adultos, que a trazemos dentro, *quem pode e deve atendê-la.*

Isso ajuda a "nos encarregarmos do que nos ocorre" e deixar de "lançar culpas"... a deixar de repetir... ajuda a despertar.

Podemos decidir tomar as rédeas de nossa vida e ser os protagonistas de nosso destino. ☺

> Lembre-se da p. 23.

EXERCÍCIO PARA VALIDAR A DOR ORIGINAL

Antes de compreender e perdoar as pessoas do tempo de criança, é preciso validar os sentimentos de ira, ressentimento e tristeza. É necessário, pois, realmente, nenhuma criança merece maus-tratos ou abusos, nem pode colocar-se no lugar dos pais, já que eram eles os responsáveis. Assumir isso ajuda a validar a dor, expressá-la e começar o processo de cura.

VAMOS REALIZAR UM DIÁLOGO INTERNO COM OS PAIS

Escreva-lhes uma carta, ou, se lhe for mais fácil falar que escrever, você pode colocar uma cadeira diante de si e imaginar-se falando com eles; um de cada vez.

IMPORTANTE

A carta não é para ser entregue a seus pais, nem o diálogo para ser realizado com eles. O objetivo é que você possa dar-se conta do que sente em relação a eles e permitir-se expressá-lo de uma maneira segura, que não cause danos nem a você, nem a eles.

Caso você não tenha registro de seus pais (por não tê-los conhecido), ainda assim, pode fazê-lo, com o imaginário que tem sobre eles. Também lembre-se de realizar esses exercícios com aqueles que exerceram o papel parental de autoridade com você.

1. Você já escolheu se vai escrever uma carta ou usar a cadeira. Fale com um deles por vez, permitindo-se expressar tudo que sente, já que é para validar sua dor.

2. Releia-a a carta e sublinhe aquilo que você necessitava e que eles não puderam dar-lhe.

3. Conceda-se tempo para expressar tudo o que lhe tenha doído. Libere sua ira e seu ressentimento; só dessa maneira você poderá passar ao perdão.

Escreva o que você se deu conta ou o que você ainda não disse... Como se sente agora?...

Conceda-se tempo para expressar tudo o que lhe tenha doído. Libere sua ira e seu ressentimento; só dessa maneira você poderá passar ao perdão.

EXERCÍCIO PARA PERDOAR SEUS PAIS

- Observe o que você reclama de seus pais, que era o que não puderam lhe dar. Escreva-o...

- Agora, imagine a infância de seus pais. Se ainda os tiver vivos, pergunte-lhes como foram tratados quando crianças, como eram com eles os pais deles, ou seja, os seus avós... e imagine as carências que sofreram...

– Visualize seu pai como uma criança ferida... Que idade lhe atribuiria?

– Volte às suas reclamações e observe se o seu pai teve para si mesmo aquilo de que você necessitava. Você consegue registrar a limitação dele em sua capacidade de amar?

– Observa, que apesar de suas limitações, ele/a lhe deu mais do que recebeu...

– Imagine que diante de você está o seu pai adulto, com essa criança dentro, e registre o que sente agora em relação a ele...

– Se desejar, pode acrescentar mais algumas linhas em sua carta, expressando o que sente; caso sinta compaixão, pode expressar abertamente que o perdoa, que compreende que ele não lhe podia dar o que você necessitava.

– Observe também, como, apesar de suas limitações, ele lhe deu mais do que recebeu. E agradeça-lhe.

Repita o mesmo trabalho com sua mãe e, se houve alguma outra pessoa importante em sua criação, repita também todos e cada um destes passos para curar os seus vínculos primários com elas.

Valide sua dor

Você merecia tudo de que necessitava. Apesar de seus pais, ou as pessoas que cuidavam de você, ou as circunstâncias, terem feito com que nem tudo pudesse ser coberto, essas necessidades eram válidas e existiam para serem satisfeitas.

Quando era criança, não me restava outra coisa senão depender do outro. Mas agora sou adulto e posso, e devo, aprender a atender-me. Se não o faço, continuo comportando-me como uma criança. Como não posso pedi-lo a meus pais, agora peço à minha parceira que se encarregue de mim, ou a meus filhos, "que já são grandes". Antes era com os seus pais e agora é com seus filhos. Outros viveram propensos a ajudar seus pais e foram crianças precocemente adaptadas, comportando-se como adultos ajudando os pais, e hoje são adultos que continuam atendendo a todos, menos a si mesmos.

Como saímos deste imbróglio?

Primeiro, reconhecemos a ferida, e, em seguida, a validamos: Sim, você tinha todo o direito de sentir-se mal pelo que sucedeu e hoje você está em todo seu direito de satisfazê-lo.

Agora, como faço isso quando a dor aparece?

Se em sua vida você teve algum adulto suficientemente acolhedor, tome-o como modelo para atender-se a si mesmo.

Crescidos, tratamos a nossa criança interior de modo exatamente igual ao que nos trataram, de acordo com o modelo introjetado, pois aprendemos a ser adultos a partir do modelo que tivemos. Um terapeuta pode servir de modelo, pois a ferida que se abriu na relação com outro/s é curada através de relacionamentos saudáveis.

Quantas vezes nos encontramos repetindo o modelo de nossos pais!

Por isso é tão importante aprender a desenvolver dentro de nós um adulto acolhedor, amoroso, para tratar-nos melhor!

EM RELAÇÃO A ISSO, OBSERVE E RESPONDA ESTA PERGUNTA: COMO VOCÊ TRATA A SI MESMO QUANDO SE SENTE MAL? SIMPLESMENTE OBSERVE:

- Você se abandona?
- Desconecta-se com a dor?
- Distrai-se, para não se dar permissão para chorar?
- Não se dá nenhuma palavra de alento para levantar-se?
- Castiga-se e critica-se duramente?
- Desespera-se por não saber como ajudar-se?
- Ou simplesmente não se ocupa de si e prefere ocupar-se dos demais?... e ali fica sua criança interior, sozinha e abandonada... esperando que alguém a atenda?

VOCÊ SE IDENTIFICOU COM ALGUMA DESTAS FORMAS ?

Por que nos custa tanto conectar-nos com a dor original?

É que temos a ideia de que a dor será insuportável, que se lhe dermos espaço irá quebrar-nos (coisa que não devemos permitir, pois ao fazê-lo seríamos vulneráveis...) ou apoderar-se de nós. Fugimos dela porque nos parece que, sem dúvida, irá destroçar-nos se lhe dermos lugar.

Contudo, isso não sucede! Esse é um pensamento infantil que provém do estado de vulnerabilidade e dependência primária, quando a principal fonte de amor eram nossos pais.

Nesse contexto, aceitar essa dor original resultava ameaçador e poderia quebrar-nos psicologicamente. De modo que congelamos a dor, reprimimo-la, negamo-la para poder manter intato o vínculo com nossos pais. A natureza encarrega-se de oferecer-nos mecanismos de defesa capazes de evitar ou minimizar que se entre em contato com a dor, o que, no momento da infância e até a pré-adolescência, pode resultar insuportável para nosso psiquismo.

Mas agora você é um adulto, seu psiquismo está formado e já não depende de seus pais para crescer. Portanto, você pode entrar em contato com sua dor para aprender a assisti-la.

O vazio não é esse nada escuro, tétrico, com o qual você se encontrava quando criança. Esse é um registro antigo de sua infância.

A esta altura do livro você está preparado e sabe que, por mais que doa, hoje você é um adulto capaz de registrar o que dói e suportá-lo fazendo-lhe companhia, e que, ao fazê-lo, terá uma excelente oportunidade de ouvir-se e começar a compreender-se como adulto, assistindo-se a si mesmo. Você verá, assim, que esse "vazio", que tanto o assustava, não era tamanho, simplesmente porque está ocupado por sua própria presença. Quando habito o vazio, surge uma doce sensação de paz, produto de minha presença. Já nada temo, não há lugar para ideias fatalistas, para o abandono... e se, por momentos, percebo incômodo, não sucumbo, pois se trata de reconectar-me.

Agora conto comigo mesma, com minha própria assistência!

Esta é a boa notícia: Você é a única pessoa que pode estar incondicionalmente com você mesmo 24 horas por dia!

Nem o seu parceiro/a, nem seus filhos, nem seus amigos poderão estar com você desse modo! Você, e somente você, pode ser incondicional para com sua criança interior. Quem melhor para saber que – e como – você precisa ser cuidado? Portanto, aprender a ser o melhor amigo de si mesmo vale cada minuto desse penar: Vale a pena! ☺

Criando presença habito-me,
Estou com o que há.
Essa presença de amor incondicional,
De estar nos bons e maus momentos,
De aprender a autoacolher-me
Proporciona-me paz.
Desde ali abro o coração.
Posso receber o bem que o presente
Tem para oferecer-me.
Posso perceber o amor que me rodeia.
Centro-me ao permanecer ali,
Retorno ao eixo
E posso voltar a conectar-me
Com a fonte universal de amor
Da qual provenho.

APRENDENDO A SER UM ADULTO ACOLHEDOR

Os adultos que se encarregaram de nós também tinham uma criança ferida. Por isso não nos podiam dar o que eles próprios não tinham recebido. Agora é tempo de que nosso adulto o compreenda.

Ao adulto que somos hoje é que a criança interna deve pedir que seja atendida. Peça-lhe o que você necessita!

- Pegue as cartas escritas e reveja as necessidades reclamadas por sua criança àqueles que dela cuidavam e sublinhe-as...

– Em seguida observe como está cada uma delas hoje em dia. O que houve com essas necessidades e sentimentos? Reiteram-se em seus vínculos atuais? Com seu parceiro/a, seus amigos, seus filhos ou seus chefes? Já foram satisfeitas?...

....

– Se há alguma que você reconhece ainda hoje, registre-a. Faça uma lista delas e observe com que frequência reaparecem em sua vida...

....

– Agora, feche os olhos e imagine-se a si mesmo como criança com essas necessidades quando a dor o assaltava. Que idade atribui à sua criança interior?...

....

– Observe-a: como está vestida, como é seu rostinho, que expressão mostram seus olhos, suas mãos... Voe com sua imaginação à casa onde ela vive, recorde a casa de sua infância e percorra-a mentalmente... e observe: em que lugar físico da casa encontra-se tal criança? o que está fazendo? Olhe-a, concentre-se nela: olhe-a nos olhos e registre o que você sente com sua presença. Agora essa criança irá pedir-lhe algo...

....

– Empreste-lhe sua mão não dominante e escreva no caderno o que necessita e deseja de você. Converta-se nessa criança e escreva, expresse como se sente e como necessita ser tratado...

....

(As crianças não costumam escrever muito, são claras, concisas e simples em seus pedidos; assim, umas poucas linhas bastarão para expressar o que precisam e como lhes agradaria recebê-lo.)...

....

- Volte a conectar-se com o adulto que há em você hoje e leia a carta escrita por sua criança... preste atenção ao que sente neste momento...

....

- Mude a esferográfica para sua mão dominante e com ela escreva uma carta à sua criança interior, respondendo ao seu pedido...

....

Observe o que respondeu... você conseguiu comprometer-se com ela em dar-lhe o que necessita no dia a dia? Observe se lhe manifestou o quanto a quer e que pode contar com você, que você não irá abandoná-la. Se não for assim, escreva algumas linhas mais, para oferecer um olhar amoroso e acolhedor para consolar sua criança e começar a atendê-la a partir de agora, como ela necessita...

....

De que você conseguiu dar-se conta com este exercício?

....

SE DESEJAR, VOCÊ PODE GUARDAR SUA CARTA NUM LUGAR ESPECIAL. A PARTIR DE AGORA, QUANDO PRECISAR, PODE CONTAR CONSIGO MESMO!

Exercício para resgatar sua criança divina

Nossa criança interior nos oferece a espontaneidade, a iniciativa, a curiosidade, um olhar otimista, a alegria, o riso, a criatividade e a capacidade de amar plenamente. ENTÃO, É PRECISO CONECTAR-SE COM ESSA CRIANÇA DIVINA QUE VIVE EM VOCÊ:

1. Feche os olhos e deixe que apareçam em sua mente lembranças daqueles momentos em que você riu à beça, os momentos de maior prazer; deixe que por alguns minutos passe o filme dos momentos de maior desfrute em sua vida... Escreva ou faça um desenho colorido desses momentos.

2. REGISTRE a qualidade ou coisas desses momentos e observe o que o deixava tão feliz em cada um deles. Ex: contato com a natureza, valorização, leitura, amigos etc.

3. Que prioridade você está dando em seu dia a dia a cada uma dessas coisas que lhe fazem bem?...

4. Como você imagina que seria sua vida em dois anos se você buscasse tudo isso? Crie uma imagem que represente esse futuro e faça um desenho ou uma colagem dessa cena imaginária.

5. Faça uma lista de novas permissões para a sua vida atual, que ajude a construir esse futuro desejado.

6. Pegue uma folha de papel e PINTE-O! O QUE VOCÊ ESTÁ ESPERANDO? VIVA A VIDA HOJE! ☺

4 - SER O MELHOR AMIGO DE SI MESMO
Aprendendo a me acompanhar,
nos momentos bons e ruins

Quando retorno a meu eixo,
eu me alinho.
Ao ouvir os ditames de minha alma,
conheço quem sou e o que desejo.
Ao amar o que sou,
ofereço-me amor incondicional
e assim desenvolvo um adulto acolhedor.
Ao apoiar meu desejo, encontro a via propícia
para realizar em mim o caminho pessoal.

Trabalharemos as emoções desde um lugar fenomenológico, ou seja, vamos descrever como ocorre, como aparece a emoção, como se apresenta a desarmonia ou a sensação desagradável, e qual é o caminho natural no qual possa aparecer uma sensação organicamente mais prazerosa. Compreender o que sentimos vai ajudar-nos a saber o que necessitamos, e este é o pontapé inicial para transcender o mal-estar.

Como passar da culpa ao perdão, da tristeza à alegria, entender como acontece uma emoção irá ajudar em que nós mesmos compreendamos o que sentimos e, aos terapeutas, a colaborarem para que o consulente possa compreender o que sente através da descrição de sua vivência.

É importante que a pessoa possa colocar em palavras o que sente. Em toda terapia, além da importância de que cada pessoa expresse como se sente, é importante também adquirir um conhecimento cabal do que representa cada emoção. Muitas vezes, as pessoas tem um "analfabetismo emocional" não sabem como identificar o que sentem ou confundem as emoções. Há quem diga sentir "pânico", e, quando se lhe pede que descreva o que sente, resulta ser uma crise de ansiedade. A exploração descritiva da vivência ajuda-nos a descobrir com clareza o que é que está ocorrendo, e isso tranquiliza. Lembro-me que alguém disse-me uma vez *Não há nada que angustie mais do que a angústia sem nome*.

Como vimos no capítulo da ACEITAÇÃO, esta é um caminho para a mudança, pois quando alguém aceita uma realidade tal como é (entendendo que devo ter que aprender algo dessa experiência, escutando o que está ocorrendo *aqui e agora* para encontrar a maneira de acompanhar e sustentar o que está se passando e aceitando-o), a mudança acontece. Recordemos que, paradoxalmente, a mudança acontece quando abandono a intenção de modificar o presente e lhe dou permissão para que SEJA TAL QUAL É. Assim, quando alguém nega o medo, aparece o pânico, quando alguém nega a tristeza, aparece a depressão.

A única coisa que faz o caminho de negação é deixar na obscuridade aquilo que está mal em minha vida.

Essa emoção desagradável continua crescendo a passos agigantados e chega um momento em que sai à luz.

O mesmo ocorre quando reprimo o que sinto; depois do controle aparece o descontrole.

O caminho da aceitação é dar-nos conta de que a vida não é um mar de rosas. A dor é parte da vida. Como diz Dalmiro: *"Não só dói o que nos acontece, como também há dor pelo que somos: mortais e falíveis"*.

A dor nos alerta, nos "avisa" que nos desviamos do caminho, que estamos descentrados e devemos fazer algo para repará-lo. E isso requer nossa atenção.

Temos um pensamento holístico de base, e hoje sabemos que o pensamento também é energia. Sucede que, muitas vezes, não damos espaço para a escuta do que dói, por temor de que doa mais e torne-se pior. A proposta não é dar espaço ao negativo e continuar na queixa ou na raiva, já que isso atrairia mais do mesmo.

Não é a partir desse lugar que devemos estar presentes. Mas, desde a compaixão necessária para acompanhar a mudança.

Quando lhe damos energia e ouvimos amorosamente de que necessita esse aspecto que está dolorido, podemos buscar os recursos necessários para repará-lo.

Autoestima: AMAR O QUE SE É

O desenvolvimento da autoestima é proporcional à caudal de amor a si mesmo. Etimologicamente, a palavra autoestima significa "auto" = si mesmo, e "estima" = afeto/valor. Quando falamos de autoestima, referimo-nos a quanto uma pessoa ama a si mesma.

E o amor é possível reconhecendo nosso próprio valor, e para isso é primordial conhecer-se.

Esse processo de reconhecimento de si mesmo começa com a imagem de mim que me devolvem os demais. Num primeiro momento de nossa vida, os responsáveis são os pais ou as pessoas de criação, ou aqueles que tenham cumprido essa função. O que eles reconheçam e valorizem de nós quando crianças é o que reconhecemos e valorizamos de nós mesmos. Por isso a autoestima depende, em certa medida, da imagem que nos devolvem os demais, e muito mais nos primeiros anos de vida. Também a figura do terapeuta influi na construção da autoestima do consulente: se é um adulto que consulta, pelo poder que ele nos confere; se é uma criança, é de muitíssimo valor, porque os pais "lhe outorgaram poder", de modo que nós, terapeutas, temos uma grande responsabilidade, que só poderemos cumprir se pudermos valorizar o outro (neste caso, a criança) como ele é e ajudá-lo a valorar-se a partir daí.

Aqui é bom ter presente que o adulto que consulta traz consigo sua criança interior, de modo que do conhecimento e amor próprios a essa criança surgirá a capacidade para restabelecer um vínculo que lhe resulte realmente curativo!

À medida que crescemos, o espelho de nossa imagem amplia-se para o campo dos amigos, e, na adolescência, para os grupos de pertencimento. Começa aí a quebra da idealização dos adultos, que deixam de ser "enormes e onipotentes".

O mito dos pais perfeitos chega ao seu limite e isso permite que os adolescentes separem-se de sua maneira de pensar e tenham critério próprio; assim, começam a observar outras visões de si mesmos, outros espelhos onde se olhar. Atualmente, isso se produz em idade mais precoce, pois hoje a criança "sai de sua casa para o mundo" por meio do computador, da televisão, e tem acesso a outras realidades. Assim, começa a questionar, a observar, a adotar uma atitude mais crítica que lhe permite buscar seu próprio modelo e olhar-se a si mesmo desde um lugar mais livre de juízo, duvidar da imagem que lhe devolveram de si mesmo para redescobrir quem é, e escolher o que deseja ser. Quando o olhar dos pais é muito possessivo ou autoritário, a única maneira de tomar distância é rebelar-se – *"vocês não sabem nada, eu penso o contrário"* – e ir buscando diferentes espelhos para ver como quer ser.

É na adolescência que questiono como me amaram e me perceberam, e permito-me duvidar do estabelecido, ao dar-me conta de que essa percepção é limitada, pois provém de pessoas com limitações. E ali, então, há uma

> As relações são um termômetro de meu crescimento pessoal e ao mesmo tempo ajudam-me a crescer.

oportunidade de reconstruir a imagem de mim mesmo, reafirmar minha autoestima. Posso, então, conferir valor ao que sou pela própria medida em que fui amado. Se como adulto encontro-me limitado em minha capacidade de amor, será questão de começar por ter meu próprio olhar amoroso e incondicional para comigo mesmo. Cada pessoa espelha aspectos diferentes de nós mesmos. Algumas vezes a imagem que nos devolvem pode estar distorcida, mas sempre é uma imagem parcial do que somos.

Muitas vezes vejo em consulta crianças que os pais trazem por considerá-las hiperativas, quando na verdade desenvolvem um nível de atividade normal para suas idades. A essas crianças os pais, fartos, repreendem a todo momento com expressões como *"Você não pode ficar quieto? VOCÊ É IMPOSSÍVEL!"*. Tal é a percepção de pais que, por sua pouca tolerância, prefeririam ter um filho supercomportado, que permaneça quieto em uma cadeira durante uma hora, em vez de comportar-se como corresponde a uma criança de sua faixa etária. Tenho visto pais que tratam meninos de 4 anos como se tivesem 8, numa tentativa de estimular o crescimento rápido dos mesmos, obrigando-os a sobreadaptar-se.

A criança que está construindo sua autoestima não registra a limitação na percepção dos mais velhos, só registra a imagem de si que lhe é devolvida.

Neste caso, a de que, para os demais, ela é "impossível". Resumindo, meu autoconhecimento começa com a imagem de mim mesmo que me devolvem os outros, reconheço-me nessa informação; o outro é o espelho onde me olho e vejo o que é valorizado em mim. Também ali posso reconhecer os aspectos de mim mesmo que não agradam ao outro, e é provável que eu também os desvalorize em mim. Valorizo tudo o que vem de meus amigos, meu entorno, a gente com quem trabalho, os valores que se destacam na sociedade etc., pois são fontes de amor. Com esse ver-se no outro começa, em paralelo, uma etapa de redescobrimento onde se gesta o processo de conhecer quem sou e o que valorizo em mim. Aparece outra opinião sobre si mesmo, que é a própria. O desafio é amar a cada parte de nós pelo simples fato de pertencer-nos. ☺ (Para isso é necessário um outro – que posso ser eu, Gabriela, que, a partir de minha experiência, escrevo para você neste livro e digo-lhe que você pode querer-se como é.)

Não posso atribuir valor ao que não conheço. Portanto, o desenvolvimento de minha autoestima de adulto implica percorrer um caminho de autoconhecimento ao qual se segue conferir valor ao meu próprio critério, embora, por vezes, difira da opinião dos demais.

Quando me encontro com uma etiqueta que me rotula, ela funciona como uma ideia congelada no tempo. Exemplo: "sou distraída e extrovertida". A crer nisso, pode ocorrer de impedir-me de explorar a polaridade contrária. Identificar-me com esse aspecto não me permite ser "concentrada e introvertida". A identificação com um aspecto de maneira tão maciça impede-me o movimento de um polo ao outro, o que me permitiria ter maior plasticidade de recursos.

Sou um ser em evolução e só posso conhecer quem sou observando meus atos, meus pensamentos e minhas emoções, *aqui e agora*.

Quando libero os julgamentos prévios que tenho acerca de mim mesma, tanto os agradáveis quanto os que me envergonham, observo quais são hoje minhas virtudes e minhas debilidades, e discrimino o ser do ter sem definir-me pelos resultados, mas por *minha atitude no processo*. Nessa exploração, que surge do registro interno de minhas relações com o mundo, obtenho um amplo leque de percepções acerca de mim mesma e, a partir daí, escolho com quais ficar para construir um novo conceito de mim, que corresponda mais à minha própria percepção do que sou, com plena conciência de que sou mais do que o que posso perceber e que sempre posso explorar novas partes de mim e ser mais SER.

Há vezes em que a família não demonstra e a criança crê que não é "suscetível de ser querida", mas basta um único olhar acolhedor, para nos darmos conta de que somos merecedores de amor.

(Gabriel contava-me o quanto desfrutava ser abraçado por seu filho; perguntei-lhe se o haviam abraçado em criança, ao que respondeu: *"Meus pais não eram demonstrativos des-*

sa maneira, mas sempre me lembro de uma tia que, quando nos visitava, abraçava-me fortemente e dizia-me o quanto eu era lindo. Nesses momentos eu tinha a sensação de ser muito amado!") Gabriel tinha 41 anos e um registro interior de quão agradável resultava essa experiência infantil.

Tão somente uma pessoa que nos tenha proporcionado a experiência de sermos amados tal como somos basta para gerar uma âncora positiva de amor incondicional em nossa memória. Esta proporciona uma sustentação que é base e modelo para modificar o vínculo consigo mesmo mesmo e, a partir disso, com seu entorno. Isso é o que reivindica o amor na terapia. ☺

Cada encontro pessoal e cada circunstância nova oferecem-me a possibilidade de obter uma percepção diferente e enriquecer-me desdobrando novas potencialidades.

EXERCÍCIO PARA A AUTOESTIMA

Convido você a relembrar momentos em que se sentiu sinceramente amado. Não me refiro àqueles momentos em que a sua máscara ou a personagem que você compôs para ser querido recebeu louros e seu ego regozijou-se por ser reconhecido.

Passe o filme de sua vida e observe aquelas cenas onde você se sentiu simplesmente **amado, sendo o que você é.**

- Registre como essa lembrança modifica seu corpo.

....

- Observe onde você experimenta essa sensação de amor.

....

- Se pudesse expressá-la em uma imagem, qual seria?

....

- Desenhe num papel essa sensação ou os momentos relembrados.

- Como você imagina que mudaria sua vida, como seria se você se tratasse desse modo?

....

COMECE AGORA MESMO A AMAR-SE DESSE MODO:

- Procure por uma palavra que você precise escutar. O que você se diria neste preciso momento? Anote-a!

....

- Agora ponha-se diante de um espelho e, desde esse lugar de amor autêntico, olhe em seus olhos e fique observando-os até poder ver neles a luz de sua alma.

....

- De que você se deu conta com estes exercícios?

....

....

Depois de conhecer o que sou, tenho que aceitar o que conheço de mim mesmo e atribuir-lhe valor.

Mas, cuidado: alguns livros de autoajuda estimulam você a olhar-se no espelho e repetir: SOU PERFEITO! Esperando que creia nisso, encobrem seu *déficit* de afeto com uma afirmação ilógica, porque "você não é uma pessoa perfeita". A boa notícia é que ninguém o é.

Quando você conseguir olhar-se no espelho e dizer a si mesmo *"Amo-o tal como você é; apesar de suas imperfeições, quero a tudo que vejo, por ser parte de mim"*, aí terá alcançado sua verdadeira autoestima. Quando você "se engrandece" não está valorizando o que é realmente, mas uma imagem idealizada de si mesmo que disfarça outra, que afirma *"Você não é suficiente, precisa acreditar mais em si!"* O fato de uma pessoa "fanfarronear-se" constantemente leva muitos a considerar que se trata de alguém cuja autoestima seja elevada, mas isso não deixa de ser a expressão de uma imagem distorcida de si mesma. Sempre que você considerar que a sua imagem é pouco suscetível de ser querida, pode escolher o caminho equivocado de menosprezar-se ou supervalorizar-se, construindo uma imagem distorcida de si mesmo.

O problema da baixa autoestima aparece quando o que eu gostaria de ser destoa do que sou, e, quanto maior a distância entre o ideal e o real, tanto mais baixa a autoestima.

(É que não posso querer-me, porque gostaria de ser muito diferente do que sou!)

Tudo que necessitamos é amor, e é isso, essencialmente, que queremos conseguir. O contraste entre o que desejamos idealmente e o que somos, na verdade, somente causa sofrimento e nos impede de amar-nos.

Esse modelo ideal encarna a ideia de como eu deveria ser para obter mais amor. A única maneira de receber amor capaz de nutrir-me como pessoa começa por amar-me assim como sou e estou, aqui e agora, realmente. Quando penso que chegarei a me amar para sempre ao modificar tal ou qual coisa, somente semeio desamor em meu presente, e um amor condicionado no futuro. (Por exemplo: Se para amar-me preciso diminuir um ou dois números no tamanho da roupa, ou conseguir aquele trabalho, ou obter um título, não estou querendo-me agora. Quando o conseguir, estarei me amando apenas até que apareça outra exigência.)

A ideia não é resignar-se... não!, pois viemos a este mundo para evoluir. Claro que quero que você melhore, eu também quero melhorar dia a dia... Mas se para isso você tenta ser o que não é, (como tomate num abacateiro), você viverá frustrado e confuso (como o cisne entre os patos). Seja a melhor versão de você. Cuide de *seu* corpo, pois é o veículo de sua alma; cultive *sua* personalidade para que se sinta melhor consigo mesmo e com os que o rodeiam. Faça com que ela seja mais fiel à sua essência. A essência sempre é boa.

Lembre-se de que, sempre, o conhecimento que alguém tem de si mesmo é parcial e que a essência é sempre boa, pois nasce de uma unidade que é puro amor. Reconheça sua bondade básica!

Neste ponto gostaria de compartilhar com vocês um descobrimento que experimentei aos 26 anos:

"Partindo da premissa – convicta – de ter uma personalidade 'mais atraente', dos 12 aos 14 anos fui adaptando-a, tal qual camaleoa, aos grupos de que participava, para sentir-me aceita. "Mais tarde convenci-me de que era questão de ser fisicamente mais atraente, e abordei todas as dietas para emagrecer, que me duravam um suspiro e provocavam-me uma profunda irritação comigo mesma ao não conseguir cumpri-la (frustrante boicote). Até que, depois de anos de maus-tratos contra mim mesma, compreendi que as 'resistências' provinham daquela parte de mim mesma que desejava ser amada tal qual era."

> O que é mais fácil:
> mudar o que sou ou mudar o ideal?

Atribua valor ao que você é aqui e agora. Comece a ver o que tem de bom, para que lhe serve, e adote uma visão mais amorosa de si mesmo. Que a sua própria aprovação e reconhecimento sejam suficientes. E peço-lhe mais um passo: abandone a comparação com o outro. Cada vez que você se compara, o resultado é sentir-se superior ou inferior ao outro. De uma maneira ou outra, a *comparação sempre empobrece*. Se você permanece fiel à sua essência, não há necessidade de igualar-se a ninguém, tampouco discriminar-se de nada. Pois você É único e irrepetível, não passível de ser copiado, e, não obstante, todas as almas nascem do mesmo criador e todos os egos pertencem à mesma humanidade.

"Um jovem que se considerava feio caminhava com seu amigo pela rua, evitando olhar-se no reflexo proporcionado pelas vitrines – e muito menos em espelhos: detestava olhar-se neles. Nesse dia, ao passar por uma jovem, esta olhou-o interessadamente e ofereceu-lhe um sorriso. Como resposta, ele baixou o olhar para o chão, envergonhado. Seu amigo, fazendo um comentário lisonjeiro por sua conquista, perguntou-lhe, assombrado, por que não havia devolvido outro, ou uma saudação. A resposta foi uma expressão de raiva: manifestou sentir-se alvo de zombaria do amigo, pois estava convencido de que a garota olhara-o por mera casualidade, que jamais uma garota poderia interessar-se por ele."

Ele não conseguiu receber esse olhar amoroso porque não o tinha para si mesmo. Não podia tomar para si o que mais ansiava de fora, porque ele era o primeiro que tinha que aprender a dá-lo a si próprio!

Há muito amor disponível à nossa volta, mas até que não nos assumamos merecedores de amor não nos será possível recebê-lo!

Somente quando mudei meu ideal de ser loura e com muito busto, consegui querer a imagem que me devolvia o espelho. Quando pude aceitar que nem sempre "todos" iriam querer-me e deixei de viver na defensiva e à luz da dúvida do amor do outro, consegui tolerar a ideia do desamor e comecei a cultivar amor por mim mesma.

Hoje, depois de um tempo de semeadura, cultivo e cuidados com o amor a mim mesma, aceito-me e me amo com meu modo particular de ser. Confiro valor à sensibilidade que me permite trabalhar como psicóloga e artista, a veemência no expressar-me verbalmente, que me possibilita transmitir – com amor – o que sinto e penso (como ao escrever agora). É a mesma sensibilidade que me impede ser indiferente quando outros, sim, podem fazê-lo com sua "cara de paisagem".

E, ao amar-me incondicionalmente e com aceitação de meu ser imperfeito, consegui compreender, com olhar amoroso, o que problematiza minha vida e faz com que, ocasionalmente, eu enrijeça meu pensar provocando-me ou excesso de entusiasmo ou intolerância em relação aos outros. Observar e aceitar isso favorece em mim a tomada de consciência, tempera minhas emoções e acompanha minhas ações com a necessária tolerância.

Graças ao reflexo dos outros (por vezes claros e, em outras, muito escuros), consegui desobrir minha autenticidade e expressá-la com sinceridade e sem censura, dando passagem à natural metamorfose do crescimento próprio. O maravilhoso desse processo é "sentir-me aceita pelos demais tal como sou", e o verdadeiro milagre é a sintonia e a experiência do amor verdadeiro com os demais, amor "do qual viemos" e "ao qual vamos"...

Agradeço que, em algum momento de meu caminho, pude animar-me e mostrar minha autenticidade.

Aqueles que permaneceram ao meu lado, cultivando junto comigo uma amizade de anos, conhecem-me com meus defeitos e virtudes. Não duvido do amor dos que me conhecem desde minha adolescência e ainda somos amigos. Eles têm visto minhas transformações no processo de busca de minha autenticidade. E, apesar de tudo, permaneceram! ☺ Tenho amigos cativantes que me conheceram já consolidada (com um ego mais à imagem e semelhança de meu ser) e, não menos meritório, também me conhecem intimamente.

Porque, quando o que se ama é mais que uma "personalidade", as pessoas que lhe rodeiam aceitam naturalmente as suas "mudanças".

No consultório vejo desfilar muitas pessoas com medo de serem elas mesmas, por temor a perder o amor do outro. Pois bem, a notícia é que por esse caminho você nunca saberá se o outro realmente lhe quer, porque nesse vínculo o ausente é você. Se você opta acomodar-se à medida do outro, estará condenando-se à carência de afeto, simplesmente porque você não aparece.

Quando você utiliza uma máscara, cria um personagem. É o personagem criado que recebe a atenção, NÃO VOCÊ. Você pode optar por colocar a máscara para parecer esnobe, ou introvertido, ou serviçal; a que seja útil à finalidade de ser aceito pelos outros. Mas a pessoa por trás do personagem continuará em *deficit*. Todo o reconhecimento e o amor que você obtenha será para o personagem representado e não para o seu verdadeiro SER. Simplesmente porque você não o mostrou.

Seu EGO mantém o seu ser autêntico trancado a chave e, enquanto você não deixar de sentir pena e vergonha de si mesmo, enquanto você não se quiser e se animar a mostrá-lo, vai permanecer com a dúvida quanto a se realmente alguém pode chegar a querer-lhe.

Sim, eu disse *vergonha*, que é a máxima expressão da baixa autoestima. A palavra VERGONHA significa, etimologicamente, "*veré-cundere*": algo real ficar a descoberto.

Se há um aspecto de mim mesmo que não quero que o outro veja, o primeiro que o rechaça sou eu. O olhar do outro pode ser real ou imaginário, posso estar sozinho e ainda assim sentir vergonha ao pensar "Se alguém me visse..." Um exemplo: se vou pela rua e vejo uma pessoa que me agrada e me atrai, e nesse instante tropeço, é provável que surja a vergonha de que a minha falta de jeito seja vista. Outro exemplo: se estou vendo um filme de sexo diante de meus pais, é possível que surja a vergonha, mas, de quê? De mostrar que a mim também pode interessar o que vejo? Ou de que eu também tenho uma sexualidade?...

Uma vez uma amiga mexicana disse-me que em seu país chamam a vergonha de "pena alheia". E que adequada expressão! Pois a vergonha na realidade tem muito a ver com o penar. Experimentar a vergonha é sentir algo assim como desejar desaparecer, "esconder a cabeça" como o avestruz, é pensar e dizer *que pena que tenho ou me acontece isso, não quero que ninguém o saiba ou me veja"*. Sabe?

A pessoa que quase sempre é encabulada está dizendo que há muitos aspectos de si mesma que rejeita e prefere que o outro não veja. Então, se retrai, retira-se de muitas situações onde possa ficar exposto tal aspecto rejeitado, e gera a rigidez capaz de controlar que nada se-lhe escape das mãos e possa ser visto pelos demais.

O antídoto da vergonha

É muito útil revelar esse aspecto rechaçado. Reconhecer esse aspecto e aceitá-lo como parte de si mesmo, e, a partir daí, amá-lo para poder ajudá-lo a crescer. Conhecer-se sem rotular-se, abandonar os julgamentos prévios e os estereótipos que temos de nós mesmos. Ter a flexibilidade para aceitar o que se é e o que não se é, sem negar nem ocultar aqueles aspectos de mim mesmo que não me agradem. A intenção é amar-me, não obstante; aprender a querer até os aspectos que são negativos em mim, tão somente por serem parte de minha humanidade. Mas como posso ajudar a uma parte de mim que desprezo? Ou que não suporto ver? Eu também sou isso, isso é parte de mim e com um olhar compassivo posso ajudar-me a transcendê-la. Se há alguma possibilidade de mudança, será somente desde este lugar de aceitação. Suponhamos que o que não lhe agrada seja seu egoísmo. Então olhe para seu aspecto egoísta como uma parte sua que necessita de tanta atenção que não pode pensar nos demais, que só vê sua própria necessidade, e diga-lhe *"A partir de agora deixe de querer que todos a atendam, porque eu a olho; peça-o a mim, pois ninguém pode saber melhor do que eu o que você necessita"*.

O antídoto para a baixa autoestima é conhecer-se, aceitar-se, e amar o que se é.

Se você não o fizer primeiro, nunca chegará a saber quanto lhe queiram os demais, não vai dar crédito aos que lhe querem, viverá na suspeita e jamais lhe será suficiente a aprovação de um outro.

É importante atribuir-se o próprio valor e rodear-se daqueles que nos conferem valor tal como somos porque, como somos por dentro, somos por fora.

(Observe internamente se você se rodeia de pessoas que desvalorizam algum aspecto de sua vida ou lhe maltratam... se for assim, é porque você dá ouvido a isso. E, se lhes dá ouvido, não será que isso sucede porque você também acredita nisso?)

Se você começa a mudar o seu olhar, mudará o olhar do seu meio, ou então, como dizia Leo Buscaglia, você mudará de meio!!

O problema básico da autoestima é querer algo que não se é, e o antídoto é aprender a amar-se a si mesmo, apesar de tudo. Não há nada mais atrativo do que encontrar-se com um ser autêntico que ame a si mesmo. A autenticidade atrai!!

(Há gente que pensa que o que atrai é um ser que esteja sempre de bom humor. São os que vivem com uma máscara de alegria. Pois posso afirmar-lhes que não só a alegria atrai. O que atrai é a autenticidade. Nos grupos, quando alguém chora sinceramente, todos comovem-se com sua dor porque é autêntica. Quando alguém está presente com seu relato, todos ficam em silêncio escutando atentamente. Mas isso somente sucede quando a pessoa está falando *com o coração na mão* e assim se mostra.) A autenticidade atrai, não há nada que comova mais um coração do que outro coração, não há nada mais mágico do que encontrar alguém conectado consigo mesmo!

> Ao entrar em comunhão com outra alma, entro em comunhão com o Supremo.

Você pode estar sobrecarregado, atormentado por mil problemas, mas, se se encontra com um ser presente, essa presença vai desde seu coração até seu corpo e, assim, alinha-se com sua alma. É uma experiência belíssima! Quando dois seres se encontram a partir desse lugar, algo milagroso acontece.

A sensação de expansão é inefável, abre-se a via ideal para entrar em contato com a fonte de amor universal, que é Deus. Toñin diria, com um gemido de prazer,

"Waaaaheeeeeeeeeeeeee!!!!!!!"

EXERCÍCIO PARA AMAR-SE A SI MESMO RECONHECENDO ASPECTOS REJEITADOS

- Pense que aspectos seus você não quer mostrar e teme que o outro veja. Que coisas lhe causam vergonha? E acrescente também tudo o que deseja mudar em sua pessoa. Faça uma lista de tudo isso...

....

- Faz uma caricatura desse aspcto de você e/o coloque em uma cadeira vazia diante de si e imagine que ali está essa parte sua com todas as características que você acaba de nomear....

....

- Registre como se sente em relação a ela. Você tem vontade de aproximar-se ou afastar-se? Agrada-lhe vê-la? O que desejaria fazer com ela?...

....

- Agora sente-se nessa cadeira vazia e converta-se nesse aspecto rejeitado. Adote uma postura física e atue como tal.

- O que você sente quando esse que está à sua frente expressa que sente isso a seu respeito?

....

- Quais são as emoções que você vivencia ao sentir-se rejeitado? É vergonha? Solidão?

....

- Agora, você pode fazer uma pintura de como se sente e, em seguida, utilizando sua mão não dominante, escreva o que sente ao ver o desenho feito. Passe à cadeira em frente; você se dá conta do que acontece com esse aspecto seu quando você o trata desse modo?

....

- Como você se sente com isso?... Observe o que o impede de aceitá-lo.

....

- Veja se você pode começar a comprometer-se a querê-lo, apesar de que outro possa considerá-lo desagradável. Afinal, é possível que o outro o considere assim, mas a sua autoestima não depende disso. Depende de que você não se deixe de lado, nem se julgue de acordo com a vara alheia com que o medem os demais.

- Imagine que a parte que não lhe agrada de si mesmo está à sua frente, como uma criança que espera que a queiram. O que você diria a si mesmo?...

....

Escreva-lhe, e, se sente vontade de ajudá-la a mudar de atitude, expresse-lhe o que está disposto a fazer a partir de agora. Assuma um compromisso, seja de aceitação ou de acompanhamento.

RECONHECENDO SUA AUTENTICIDADE

• Pegue o desenho que fez no exercício para a autoestima, na página 111, sobre os momentos em que se sentiu amado. Observe-o e recrie em sua mente cada um desses momentos.

• Recorde também outros instantes em sua vida, em que se sentiu pleno porque estava sendo você mesmo...
....

• Como você se vê nesses momentos? Como se sente?...
....

• Resgate a sensação de estar em seu centro, em seu eixo, e "ser você mesmo". Observe o que há dentro de si nesses momentos e que não há em outros momentos.

• Plasme essa sensação de autenticidade em um novo desenho.

• Depois de realizá-lo, procure alguma palavra significativa que lhe sirva de âncora para quando se descentrar, e escreva-a no desenho...
....

• De que você se deu conta?...
....

Guarde-o em algum lugar onde possa encontrá-lo facilmente quando necessitar dele, ou pendure-o na parede para tê-lo presente e recorrer a ele!

A mensagem da CULPA:
da autopunição ao perdão

A culpa aparece como um sentimento com dois componentes: por um lado, *a ideia de ser responsável por uma situação que causou dano;* por outro, *a crença de que, por isso, merece um castigo.* Há vários matizes e, em algum ponto, encontra-se com a autoestima. Sempre está presente a ideia de "merecimento de castigo", e me autocastigo porque não posso perdoar-me – algumas vezes motivado pela soberba que não me permite reconhecer-me em minha falibilidade de ser humano, e outras vezes por não me sentir suficientemente preparada, e então autoexigir-me demais.

A pessoa que se "autocastiga" pode manifestá-lo de diferente maneiras, desde a tortura mental que a impede de ter paz, o boicote às suas relações familiares, sociais, de trabalho, às suas atividades, ou, simplesmente, adoecendo, pois o sistema imunológico deixa de defender-se... A autopunição leva-nos a ruminar, a ter pensamentos negativos, ou pode ser que venha como enfermidade corporal, apenas para que a pessoa não possa desfrutar.

As pessoas que habitualmente sentem culpa, com frequência pedem perdão, inclusive por coisas pelas quais não são responsáveis. Costumam ter uma sensação básica de *não merecimento*, que vem de mãos dadas com a baixa autoestima, que chega a tal ponto que às vezes não podem receber nem elogios, nem presentes, nem "coisas boas" na vida.

Vejamos este exemplo: Uma amiga pede-me um copo d'água. Quando vou servi-lo, o copo resvala de minha mão, cai ao solo e se quebra. Imediatamente minha amiga "se desfaz em desculpas", expressando sentir-se culpada ao máximo. Então lhe respondo *"Que houve, você moveu o copo telepaticamente ou me empurrou para que caísse?"*. Ao que, previsivelmente, ela responde *"Não, é que eu o pedi a você!"*.

Em tais casos podemos vislumbrar por trás da culpa, um sentimento de onipotência.

Tudo de mau que ocorre ao redor é culpa sua? O que há, você não pode equivocar-se? Não pode cometer uma falta? Depende tudo de você? Você tem ou acha que deveria ter tanto poder?

A exigência de não falhar conduz à autopunição, expressada claramente por não perdoar-se a falha.

Como seria uma reação sadia? *"Ui, que lástima que lhe caiu."* E se tivesse acontecido com ela? Bastaria aceitar umas desculpas à guisa de reparação, ou que ela comprasse outro copo, ou o pagasse. Ou seja, a culpa diz *"Não posso perdoar-me, eu não deveria ter cometido falta alguma, deveria ser perfeita"*. (E isso, no fundo – e na superfície –, tem a ver com a autoestima.) Para que tanta necessidade de perfeição? Não se pode querer bem a você, apesar de não ser perfeita? Você não pode querer-se bem, imperfeita?

Quando sou responsável por uma falta e sinto culpa, pode ser que essa falta seja expressão de um ressentimento.

Muitas vezes a raiva contra o outro, ou contra uma situação, pode não ter sido expressa abertamente, e é essa mesma raiva que, inconscientemente, "faz com que eu cometa a falta", seja por ação ou por omissão. como uma tentativa solapada de sair à luz. Reflitamos, então, se cabe a possibilidade de que uma parte minha não quisesse atender essa situação, atender essa pessoa... Havia alguma dor ou raiva *não expressada* contra o outro? (Pode ser contra uma pessoa ou contra uma situação; às vezes acontecem coisas no trabalho "Ui, não me dei conta, estraguei tal coisa; *eu*, que sou tão responsável, sinto-*me* culpado, agora não sei o que fazer".)

A culpa geralmente aparece com gente que queremos ou apreciamos muito, com aqueles de quem não nos permitimos sentir abertamente ressentimento, ódio, raiva. Como há um sentimento de afeto positivo, sinto-me mal, quero reparar.

Na culpa, em lugar de dirigir-se para a outra pessoa, a raiva recai sobre si mesmo.

Irritamo-nos conosco mesmos, engolimos a agressão, adoecemos, nos prejudicamos de alguma forma.

Quando reprimo a raiva, esta fica pendente, por resolver. Reconhecer a culpa ajuda-nos a dar-nos conta do ressentimento que ficou pendente de aprovação.

Quando temo causar dano a outro ou ao vínculo que tenho com ele, posso não dar-me permissão para irritar-me e, então, a raiva volta até mim como culpa e parto para a autopunição. Essa equação é muito frequente nas relações pais-filhos e vice-versa. Às vezes torna-se difícil manifestar abertamente a raiva diante de quem se ama, por isso é muito fácil cair na culpa.

A esses dois *momentos de ódio*, contra o outro ou contra mim mesmo, pode seguir-se um ato de amor: o perdão. Reflitamos, então, como chegar a esse terceiro momento reparador.

Antídotos para a culpa

O primeiro componente do antídoto é *observar em que condições estava o vínculo* com a pessoa ou coisa à qual "causei dano", e pelo qual me sinto culpado. Indague profundamente se havia um ressentimento pendente a resolver. que, ao não se lhe dar espaço, tenha aflorado como culpa.

O segundo é *aceitar nossa humanidade*, é a tomada de consciência de que a perfeição não existe, é baixar o nivel de exigência. Somos humanos e podemos errar! Os erros são o gatilho da aprendizagem.

Reconhecer a raiva facilita ver o que dói por trás dela e percorrer a tristeza.

É um caminho para perdoar-me a mim mesmo desde a compreensão do que me acontece, o que me permite também o perdão aos demais.

Validar a raiva. Depois, dar-se conta da dor que está por trás da raiva, para, finalmente, transcendê-la, aceitando a tristeza que está por trás.

EXERCÍCIO PARA QUANDO VOCÊ SE SENTE CULPADO

- Observe primeiro uma situação em que você se tenha sentido ou sinta-se culpado. Recrie-a como se fosse um filme...

- Sobre o que você sentiu-se responsável?...

- Reflita: A responsabilidade foi real ou imaginária? Teria realmente sido possível tê-la evitado?...

- Como você se castigou por sua responsabilidade na falha?...

- Reveja se nesse momento havía algum ressentimento vedado contra aquilo ao qual você causou dano "sem querer"...

- Reconheça a sua humanidade, entendendo que pode equivocar-se...

- Observe se pode encher-se de compaixão e veja se pode perdoar-se...

- Caso não consiga fazê-lo, observe o que o impede...

- Compartilhe comigo: de que você se deu conta com este exercício?...

A mensagem da CRÍTICA:
quando a exigência converte-se em intolerância

Quando critico ou julgo algo negativamente, rechaço-o e, nesse mesmo momento, crio uma distância entre o criticado e mim mesmo. Sinto-me superior ao outro e o desaprovo como defesa contra aquilo que não consigo reconhecer na UNIDADE, em mim mesmo

O perfeito é inimigo do bom.

Na crítica aparece um ato de projeção de aspectos negados de si mesmo. (Como o gesto de apontar: enquanto nosso indicador se dirige para fora, para o outro, há outros três dedos apontando para nós mesmos.) É muito difícil ver, porque é um mecanismo totalmente inconsciente, por isso... proponho dar-lhe luz!

Ver os aspectos dos outros que me incomodam e percebê-los em mim ajuda-me a aceitar que nada do humano me é alheio e que sou parte da unidade.

Criticar implica ter a capacidade de um arrazoamento analítico seletivo e segurança em si mesmo. A crítica é construtiva, segundo o Dalai Lama, para "identificar e eliminar certos aspectos negativos em nós ou intensificar os rasgos positivos". Mas, se essa habilidade para discriminar é acompanhada pela arrogância e soberba, converte-se em ação destrutiva. Desse modo, **podemos falar de uma crítica construtiva e outra destrutiva.**

A primeira surge do ser, com seu amor e serviço ao próximo. A segunda nasce do ego, com sua rigidez, intolerância e necessidade de diferenciar-se. Nossa personalidade tem uma ideia do que é, de como deseja ser e de como quer que seja o que nos rodeia. *Não podemos renunciar ao ego, mas este pode funcionar a favor do ser, é apenas questão de tomar consciência de que ali reside minha autenticidade.*

A crítica torna-se destrutiva quando, em vez de ser usada para melhorar a mim mesmo, a você ou ao entorno, fica à disposição para separar-me deste e, portanto, da unidade. Em minha experiência de anos coordenando oficinas em que trabalhamos esse tema, descobri que a crítica aparece com frequência como uma reação diante do medo à rejeição, diante de três sentimentos claros: o medo à rejeição, a busca da perfeição e o temor ao desconhecido. Veremos como é isso em cada caso:

- Por medo à rejeição: atua como um autoboicote. Aí realizo ativamente o que tanto temo que me aconteça: abandono ou rechaço o criticado por medo de não ser aceito. Critico, critico-me com soberba, tornando-me antipático. A necessidade de aceitação que subjaz a essa atitude defensiva continua sem ser satisfeita. O antídoto que podemos começar a exercitar é *aceitar que, em menor ou maior medida, todos somos rejeitados em algum momento ou circunstância de nossa vida...* Mas, como vimos no capítulo da autoestima, é fundamental ter presente que NÃO é a percepção do outro (ou, neste caso, sua rejeição) o que me define.

- Por intolerância ao imperfeito (busca da perfeição): o que rejeito de mim mesmo, eu o projeto para fora em busca de alcançar, assim, a perfeição desejada. Aqui a crítica responde à facilidade com que posso *ver a palha no olho alheio e não a trave no meu próprio*. A busca da perfeição corresponde ao plano do ideal e do divino, e não ao plano humano do qual realmente fazemos parte. Medir o próprio valor com a medida única dos fracassos desencadeia baixa autoestima, desvalorização, busca contínua de aprovação, culpabilidade e autorrejeição.

- Por rigidez de pensamento (temor ao desconhecido): neste caso a crítica é resultante de um juízo prévio acerca de como deveriam ser as coisas (idealmente). Então, o medo ao desconhecido ou àquilo com que "não posso" impede minha evolução. A partir do preconceito, o que é desconcertante deve ser excluído. Por consequência, aparece a rigidez e apresenta-se em todos os planos: familiar, profissional, social, afetivo etc. Cabe evitar as generalizações e recordar que todas as normas não podem aplicar-se universalmente. Há matizes.

A crítica e a exigência

Reflita sobre isto: ser exigente não é mau nem bom, uma medida de exigência é necessária para não cair na preguiça, no abandono, no deixar que façam, e serve-me para alcançar realizações e superar-me.

Quando sou exigente tenho uma ideia do jeito que devem ser as coisas, torno-me crítico (e muito exigente, muito crítico). Por isso, posso irritar-me com os demais quando não preenchem minhas expectativas. Também posso irritar-me comigo mesmo, quando não alcanço o esperado, e sentir-me culpado. Desse modo, devo estar atento e "ter cuidado", o que implica *fazer com disciplina*. E ser disciplinado significa "fazer o que tenho que fazer, embora às vezes não tenha vontade. Com agrado ou desagrado, escolho, sempre escolho". A escolha não nasce da vontade, que pode variar de acordo com as circunstâncias, mas, sim, de um propósito que provém do SER. (Pode haver um dia em que não queira ir trabalhar por sentir-me mal; não obstante, vou trabalhar porque assumo um compromisso que vai além do que penso e do que sinto nesse momento.) Minhas ideias e minhas emoções podem ser muito variáveis, mas o propósito é firme e é no que posso apoiar-me para ter estabilidade e manter o compromisso no escolhido. Se você exige demasiado de si, a exigência produz uma tensão que pode levá-lo à quebra (da saúde, de uma relação, no trabalho; ou ao abandono por impotência...).

Para escapar dessa polaridade superexigência/abandono, é necessário cultivar o CUIDADO. Cuidar-me para adotar a justa rigidez que permite a sustentação necessária, capaz de ver, atibuir valor e tomar o bom como base para construir a partir daí... Certa rigidez é requerida para a sustentação de sua pessoa: como os ossos de seu corpo, que evitam que você "desmorone" e possibilitam a inserção dos músculos que lhe dão flexibilidade e facilitam seu movimento.

Na justa medida entre tensão e relaxamento, surge o movimento. Tensão – relaxamento. Ritmo da natureza: a fisiologia do músculo, as ondulações do mar, o dia, a noite... Quando ouço prudentemente os ditames de meu ser e atuo segundo os mesmos, equilibro minha energia, centro-me. O descanso possibilita-me um movimento posterior, sem fadiga. Sem a tensão fatigante, há desfrute. Se não me permito o descanso, em compensação, sobrevém o cansaço, os músculos exigem-se e vem a contratura... então a resposta ao S.O.S. muscular é o que tanto teríamos querido evitar: o esgotamento que me impede continuar...

Este é um dos desafios que se nos apresentam neste mundo que tanto aplaude "a ação": estar atentos para não oscilar entre os extremos abandono – superexigência. Novamente: há matizes – e acrescento –, somente, se tomo consciência de mim aqui e agora, se me registro. E para isso é preciso olhar-se.

O antídoto da exigência

É "atender o desprazer que percebo em mim". Quando me encontro num lugar de abandono, recorro ao seguinte pensamento sustentador para sair da preguiça: **não espere que venha de fora aquilo que você não pode dar a si mesmo.**

E quando me observo superexigindo-me, ajuda-me a ideia de que "quando faço tudo o que posso, Deus faz tudo o que falta"; então relaxa-me ocupar-me do que posso e somente disso.

O antídoto da crítica

Aparece apenas quando consigo observar que aquilo que tanto critico no outro é um aspecto negado em mim.

Se posso reconhecê-lo, é o primeiro passo para minha integração e para minha própria aceitação como pessoa com defeitos e virtudes. Se me aceito, o outro aceita-me e me atribui valor com compaixão (a que tenho comigo mesmo). Integro-me como parte da humanidade, faço parte do todo.

Se assumo um olhar amoroso para as diferenças do ego e situo-me em meu SER, então somente ficará espaço para amor compassivo, em que nada do humano me é alheio.

EXERCÍCIO PARA QUANDO VOCÊ CRITICA OS DEMAIS

Brincaremos com todas as coisas que você critica.

1. Faça uma lista das críticas.

Escreva-as uma debaixo da outra, expressas em forma de orações (Ex.: "O que mais me incomoda em Pedro é que grita muito", ou "Detesto que Joana chegue tarde a todos os lugares"...), deixando duas ou três linhas em branco entre elas ....

....

2. Agora convido-o a que se aproprie de cada uma dessas características. Peço-lhe que reescreva cada uma das orações anteriores, mas agora na primeira pessoa. (Ex.: Se a primeira oração era "O que mais me incomoda em Pedro é que grita muito", agora você escreverá: "Eu grito muito quando...").
E assim sucessivamente, com todas as características que você detesta nos outros. Observe em que medida e em que momento você pode reconhecer isso em você e assim apropriar-se delas.

3. O passo seguinte é repassar todas as orações que você reescreveu sobre si mesmo e lê-las em voz alta. Observando se em alguma delas você NÃO consegue se identificar e <u>sublinhe-a.</u> Esses aspectos sublinhados são os que você tem em sombra, não pode reconhecê-los em si mesmo. Se você não é assim, como é? Qual é, para você, o polo oposto disso?...

4. Tenha em conta que nem sempre há uma característica exata e unívoca que corresponda à oposta. (Por exemplo: para uma pessoa, o oposto de aborrecido pode ser ocupado; para outra, divertido); portanto centre-se em seu próprio oposto, observando: Se você não é assim, como é?...

5. Trabalhar com as polaridades facilitar-lhe-á reconhecê-las em si e integrá-las. Enquanto isso não ocorrer, tais características irão segui-lo como sombras espelhadas no outro.

> Assim, você pode começar fazendo-o com os aspectos sublinhados e continuar, depois, com os outros.
>
> 6. Agora observe aqueles atributos em que, sim, você se encontrou parecido com o outro. O que você sente ao perceber que não é tão diferente daquele a quem claramente critica?

Tais exercícios possibilitam a capacidade de integrar-nos e desenvolver a compaixão. Quanto mais negado está esse aspecto, menos vou reconhecê-lo – "Jamais tive isso! Nunca serei assim!". Quando o torno consciente, em compensação, posso dar-me conta de que o que tanto critico no outro e que me irrita é o mesmo que critico e me irrita em mim. É sempre mais fácil vê-lo no outro!

Encontrar o lado positivo e construtivo para sua própria crítica, como método de crescimento pessoal.

A partir de agora, cada vez que apontar algo em outro com o seu dedo, pergunte-se "E lá em casa, como andamos? O que isso tem a ver comigo?".

A mensagem do MEDO:
do temor à confiança

Até agora vimos que o medo de não ser "passível de ser querido" pode produzir vergonha, ciúme; que impede nossa autoestima e pode até levar-nos à inveja, se o que temos é medo de "conseguir algo". Pois o medo de equivocar-nos leva-nos à culpa e/ou à crítica...

Mas, o que é o medo?

O medo é uma emoção básica e inata que todos experimentamos alguma vez. O medo em sua medida prudencial permite-nos preservar-nos, pois aparece como um sinal de alarme que nos alerta ante uma ameaça que está acontecendo, para que possamos retirar-nos. (Se, de repente, começasse a tremer o piso onde me encontro, o medo ativar-se-ia em mim, e então o susto far-me-ia sair daqui em busca de segurança.) Mecanismo mais que saudável de preservação, a evitação permite-me fugir e retirar-me da coisa ameaçadora para preservar minha vida.

Esse é um medo, ou SUSTO, que vivencio ante uma ameaça clara, real, concreta, presente. Mas também existem medos que aparecem ante uma "ameaça imaginária", da ideia de que *algo horrível poderia ocorrer no futuro*.

Neste momento não há nada ameaçador, mas quando minha mente projeta um futuro catastrófico e começo a sentir medo, esse medo é imaginário, pois não temo o que ocorre, mas algo que imagino que poderia acontecer. É claramente subjetivo, porque nem todo mundo tem medo à mesma coisa. Pode ser aprendido, por experiência própria ou alheia.

A expressão *"gato escaldado tem medo de água fria"* remete-nos à dor aprendida por experiência própria. Mas esse medo também pode ser aprendido ao nos apropriarmos da experiência de outros. Como o exemplo do adolescente que nunca se apaixonou e expressa ter medo de sofrer numa relação, embora nunca o tenha experimentado pessoalmente, o faz a partir do vivenciado por seus pais: *"Vi-os sofrerem quando se separaram e não quero passar por essa experiência"*. Também ocorre que os pais, mesmo não se propondo a isso, transmitem seus próprios medos aos filhos; estes percebem o que se constitui como ameaçador ou pouco confiável aos pais. Aqui aplica-se o refrão que diz *"Um exemplo vale mais que mil palavras."* E assim, o medo surge a partir de um pensamento subjacente que diz "Cuidado! Isso pode acontecer..." O que tem de positivo essa quota de medo? Poderia permitir-nos que tomemos uma atitude preventiva, cautelosa, que nos proporcione tranquilidade e confiança no atuar. (Se eu sei que há roubos, terei cuidado e manterei as portas trancadas com chave; Se me disseram que há quem jogue água por debaixo da porta para que a gente abra, vou espiar pelo olho mágico e não abrirei se isso suceder; se não tenho olho mágico, vou instalar um... tomarei precauções para ficar tranquila.)

Quando o medo é patológico?

Quando, longe de ajudar-me a antecipar uma situação de perigo e tomar precauções para cuidar-me, é um ruído mental que me atormenta ou me paralisa e impede-me de viver o presente.

Quando, apesar de que eu tome as precauções adequadas, prevalece uma sensação de desconfiança quanto a meus recursos internos capazes de enfrentar essa situação, acompanhada de desconfiança ou descrédito quanto à providência divina, e leva-me a permanecer num estado de alerta contínuo.

Como é isso, de providência divina?

As pessoas que creem que as coisas acontecem por um motivo, que há uma lei natural no universo, segundo a qual tudo tem uma razão de ser, costumam ter pensamentos mais construtivos e sustentadores; por isso sentem menos medo.

Crê-se que o reverso do medo é a coragem, mas é a confiança. A pessoa medrosa é desconfiada; quanto mais confiança, menos medo. Não é o caso dos temerários nem dos camicases, estes não se preocupam com nenhuma prevenção, pois mostram pouca ou nenhuma noção de valor da própria vida e um sentimento de onipotência que nega o medo.

Também podemos experimentar medo de perder algo que consideramos valioso, medo da enfermidade, da pobreza, da morte, de perder bens materiais, seres queridos. Quando esses bens são supervalorizados, geram-nos apego, portanto, terei mais medo de perdê-los.

Um recurso básico para começar a transcender é perguntar-me: *O que é o pior que poderia acontecer-me?* E, recordando que o medo aparece com esse mecanismo de retirada, indagar: *Com que coisas, situações, pessoas quero evitar entrar em contato?* As pessoas com medo vão-se retirando de muitas coisas, veem perigos em numerosas situações ou em grande número de pessoas. São muito desconfiadas, quanto mais medo têm, mais se retraem em sua vida. podendo criar situações de fobia, paranoia, ou pânico.

O paranoico é a pessoa que vive com desconfiança, pois o mundo é muito ameaçador para ele.

É uma pessoa muito difícil de tratar em consulta, porque o terapeuta faz parte desse mundo que tanto evita, e, cedo ou tarde, tornar-se-á ameaçador para ela. Em outros casos pode-se cair em fobias, medo a algo em particular: uma situação, um animal, uma pessoa, um lugar. Encontramos ali, por exemplo, a claustrofobia (medo de lugares fechados), agarofobia (medo de lugares abertos), aracnofobia (medo de aranhas) etc.

Na fobia a pessoa projeta em algum objeto ou situação algo que lhe é próprio, para poder fugir disso. Resulta-lhe muito ameaçador tê-lo dentro de si, por isso rejeita-o, deposita-o em algo de fora.

Dessa maneira, sente que aquilo não é parte dela mesma e que pode fugir daquilo. Por exemplo: se tenho medo de gatos, se me parecem traiçoeiros, estou retirando de mim esse aspecto que me parece ser factível, trair o outro, porque não me permito ser assim, e ponho-o todo no gato. A traição está no gato e eu posso afastar-me dos gatos com facilidade.

Como transcender a fobia?

O primeiro passo é observar, discriminar do que você tem medo, que aspecto você rejeita daquilo que teme. Em segundo lugar, cabe reconhecer esse aspecto em si, se está claro ou em sombras, ou, talvez, você não consiga reconhecê-lo em si... Esse reconhecimento abre caminho para a sua integração, para completá-lo como pessoa. Finalmente, explorar a bondade que há nisso que tanto você teme é o que lhe proporcionará a oportunidade de desenvolver e experimentar a compaixão.

Quando não posso fugir do que temo e confronto-me com isso, posso cair no terror ou no pânico.

O pânico nada mais é do que medo de sentir medo.

Muitas vezes a pessoa nem sequer consegue reconhecer que sente medo, e a única coisa que capta são as sensações neurovegetativas, como suor nas mãos, boca seca, sensação de sufocação, palpitações, necessidade de ficar muito quieto, a ideia de paralisar-se e não poder avançar. *É tanto o medo que tem de sentir medo*, que, às vezes, aparece como temor à morte. O pânico aparece como uma manifestação de evitação do medo. Não dou entrada ao medo, por isso o medo impõe-se para ser ouvido.

Tive um paciente que estava por casar-se e chegou ao consultório com ataque de pânico. Dizia ter medo de ter medo ao entrar na igreja. Além disso, a noiva queria uma festa. Ele temia o medo que acreditava que iria experimentar quando estivesse parado no altar diante de numerosas pessoas; por mais que o centro das atenções fosse a noiva, ele temia. Começamos a dar espaço a essa sensação e apareceu claramente o medo à exposição. Ele nunca havia festejado seu aniversário porque não lhe agradava ser o centro de atenção, pois, sendo-o, estaria obrigado a expor-se.

A uma outra pessoa, que era contador, os ataques de pânico sempre lhe aconteciam no lugar de trabalho. Ele não sabia ao que se devia isso. Propus que recordasse e registrasse os pensamentos anteriores ao ataque. Assim, ele pôde dar-se conta de que sucediam sempre que entrava em contato com os livros contábeis. Aprofundamo-nos no que lhe acontecia com essa atividade. Apareceu o medo a ter um problema legal pelas más práticas usadas pela empresa; ele não queria ser responsável por isso, o que evitaria demitindo-se. Quando começou a dar espaço ao seu medo e a escutar o que tanto temia, pôde fazer as coisas necessárias para preservar-se daquilo. Desse modo "o medo já não teve mais que paralisá-lo" com o pânico.

Essa é a maneira como trabalhamos com as emoções; damos-lhes um espaço amoroso e cuidados para que se manifestem, a fim de ajudá-las e acompanhá-las, porque são parte de nós. Não cumpre negá-las.

Assim poderemos assistir-nos interiormente. Ninguém melhor que nós, e só nós, pode fazê-lo. Abandonar a queixa, os *"Por que me sinto assim? Não quero sentir-me assim"*... Se você permanecer com isso, verá que não é suficiente... A proposta é observar o que me ocorre, como ocorre, quando ocorre, para que... O que eu quero evitar ao fugir disso? Se você exercitar isso, verá o quanto mais integrado ficará.

O antídoto do medo

No medo há um aspecto positivo que quer cuidar de nós e preservar-nos. Se o escutarmos, saberemos como acompanhar-nos, com que recursos contamos para cultivar a confiança e proteger-nos.

O pânico é superado quando nos damos permissão para sentir medo. Coragem para animar-se a sentir medo e assim perder o medo ao medo. (E não se trata de um trocadilho!) É que ser valente implica avançar apesar do medo. E a valentia é o antídoto do pânico, do terror. Este valor só se pode desenvolver quando confio em meus próprios recursos internos, quando confio em que eu posso.

E para aqueles medos a que algo de ruim aconteça aos demais, aqueles em que não há nada que eu possa fazer, a não ser rezar, o que vou necessitar é confiar na providência divina e ter presente que nenhuma prova difícil aparece a não ser para promover um apredizado.

A proposta é escutar o aspecto medroso para ajudá-lo: É crença comum pensar que, se nos permitimos ouvir o medo, este irá paralisar-nos ou limitar-nos. Já vimos que, pelo contrário, isso ocorre quando tentamos não sentir medo e o negamos. Assim, o medo gerará situações e sensações cada vez mais exageradas com o propósito de ser ouvido, tanto quanto se acalmará quando experimentar ser escutado com respeito...

O aspecto medroso não é feliz sentindo-se assim, mas não pode evitar isso, a menos que você o ajude. Pois então convido você a trabalhar nisto: em primeiro lugar, você tentará validar seu medo reconhecendo que ele existe e escutando o que tem para dizer-lhe.

A partir do reconhecimento de sua necessidade, o segundo momento consistirá em *acompanhá-lo,* proporcionando-lhe o que necessita. Então sobrevirá naturalmente o terceiro momento desse processo: escutá-lo para ver o que necessita e sentir-se acompanhado; assim, você conseguirá transcendê-lo.

EXERCÍCIO PARA O MEDO

1- Registre quais são seus medos. Faça uma lista deles e deixe três linhas em branco debaixo de cada um.

- Lembre-se de como você fica quando experimenta esse medo.

- Faça uma caricatura de seu aspecto medroso: que idade tem, como é a expressão facial da atitude corporal.

- Aplique um balãozinho de pensamentos ao desenho e observe o que esse aspecto pensa nesses instantes de contato com seu medo.

- Agora peço-lhe que você se permita explorar mais cada pensamento de seu aspecto, e um de cada vez. Você colocará embaixo de cada um as respostas ao que lhe pergunto a seguir.

- Linha em branco 1: O que é o pior que poderia acontecer se suceder aquilo que se mostra tão ameaçador?... O que você perderia?...

....

- Linha em branco 2: A ameaça que você percebe é real ou imaginária?...

....

- Linha em branco 3: Há algo ao seu alcance que você possa fazer para prevenir isso? O que é?...

....

2 - Reflita: Você pode registrar algum padrão ou medo em comum entre os que enumerou?...

....

3 - Escolha um deles para aumentar a consciência de que é o que lhe sucede e ver como ajudar você...

....

Agora, com esse medo escolhido (que pode ser um dos enumerados ou o padrão que você encontrou em comum), vamos dar mais um passo.

- Você se lembra quando esse aspecto medroso apareceu em sua vida?...

- Em que momentos reaparece?...

- Como se modificam o seu corpo e sua mente quando você o sente?...

- Você atua como uma pessoa de sua idade ou parece ter outra?...

- Que postura física ele o obriga a adotar?...

- Que pensamentos giram em sua mente quando ele aparece?...

– Como você percebe o seu entorno nesses momentos?...

– Como percebe a si mesmo com seu medo?...

Faça duas caricaturas de si mesmo. Divida a folha em duas: De um lado da folha, desenhe-se quando está com esse medo, e, do outro lado, quando está sem o medo... Observe ambos os desenhos:

– O que você vê de diferente?...

– O que aparece em um, que não aparece no outro?...

– Do que você conseguiu dar-se conta?...

- Veja o desenho do aspecto medroso: ele vai dizer-lhe o que precisa para avançar apesar do medo; escreva-o e reflita de que recurso interno necessita... e que poderia ser fortalecido ou desenvolvido para sentir-se melhor...

  Escreva-o como um balão de diálogo de histórias em quadrinhos...

- Faça um desenho de si mesmo com esse recurso acompanhando esse medo, ou então um desenho da sensação de sentir-se em contato com aquilo de que necessita.

O aspecto medroso é um aspecto infantil ao qual devemos ajudar a desenvolver suas capacidades potenciais. Ele não o consegue sozinho e precisa que você o assista, recordando-lhe os recursos com que conta. Necessita de companhia nas situações que lhe causam temor para obter confiança em que pode avançar e não ser rechaçado por ser medroso.

No medo à rejeição, por exemplo, apesar de existir a possibilidade de rejeição, sentir-se acompanhado lhe permite pensar que, se isso ocorrer, se for rejeitado não vou abandoná-lo, nem envergonhar-me por ele, já que o aceito porque o quero tal qual é, porque é parte de mim. O aspecto medroso diria então:

> *"Necessito que me ajude dedicando-me confiança, lembrando-me o que tenho de bom, que não me force, nem grite comigo porque tenho medo, que me acompanhe até onde eu possa avançar e me sinta seguro, e, se eu precisar retroceder, que me acompanhe também, sem desafiar nem humilhar-me, e que você não decida por mim sem consultar-me."*

Acompanhar o medo aceitando seus defeitos e valorizando suas virtudes ajuda a desenvolver sua autoconfiança e a coragem necessárias para atravessar com tranquilidade as mesmas situações que antes inevitavelmente o atemorizavam.

Agora veja o desenho da parte que não tem medo. Ele pode converter-se em aliado do medo para dedicar-lhe confiança e aumentar sua estima:

- Identifique-se com ele. Faça com que fale ao lado medroso (desenhe um balão de diálogo) e responda-lhe comprometendo-se. Diga-lhe como vai ajudá-lo a partir de agora a cada vez em que ele apareça. Fale com ele da melhor maneira que lhe ocorra para ajudá-lo a confiar.

A mensagem do CÍUME:
a segurança interior

Trata-se de uma emoção que nasce do medo de perder o afeto de alguém ante a aparição de um terceiro. O terceiro pode ser real ou imaginário, e não tem, necessariamente, que ser uma pessoa; pode ser uma situação ou um objeto. Por exemplo: podemos ter ciúme do cuidado que se dedica a um carro, do interesse que se tem pelo trabalho, ou do tempo que se passa agarrado ao computador. Tenho um paciente que tem ciúme do entusiasmo que a mulher aplica aos estudos, e ela tem ciúme da paixão que ele demonstra quando está assistindo a uma partida de futebol. Nos ciúmes sempre há uma sensação desprazerosa que aparece com a ideia de chegar a perder, de ser destronado por algo ou alguém.

Em tenra idade, sente-se ciúme em relação aos pares, e, quando há ciúme entre irmãos, é porque há muitas coisas em comum, principalmente os pais.

O medo de perder o bem que se tem – o amor do outro, um trabalho, uma amizade – pode implicar confundir amar com necessitar.

Na necessidade há desejo de posse. O ciúme aparece sempre ante a presença de um terceiro. O medo de perder desaparece ao aceitar que o outro não nos pertence, que só compartilhamos um "nós" e que esse "nós" é único no mundo.

Esse medo da perda está relacionado com a insegurança, portanto é indicador de baixa autoestima, da sensação de não ser suficiente para o outro. Aquele que tem ciúme sente-se inseguro do amor do outro, ou duvida ser digno de ser amado por ele.

As reações de ciúme podem ser várias, e dependem de como é cada um. Podem ir desde comportamentos de busca de controle e posse até manifestações de insensibilidade. Pode suceder também que as pessoas ciumentas possam expressar "Eu não sinto ciúme"; na realidade o que fazem é anestesiar-se imediatamente para não o sentir.

Em um seminário que fiz com Norberto Levy, dizia que os ciúmes podem ser normais ou patológicos, dependendo do *estímulo detonante* e da *reação* que se tenha.

Com respeito ao estímulo, este pode ser normal, quando existe a possibilidade real da perda; quando a possibilidade de uma perda é imaginária, mera fantasia, e, portanto, não existe tal ameaça, o ciúme é patológico. Por outro lado, de acordo com a reação: é patológica quando é desmedida ou desproporcionada. É o caso daqueles que, por exemplo, necessitam de provas constantes de carinho do outro, demandam grande atenção e são muito sensíveis à rejeição.

O antídoto do ciúme

É a confiança e valoração pessoal. Não há nada que o outro possa fazer para dar-lhe confiança. Você tem que cultivá-la em si mesmo. Trabalhe sua autoestima e cultive o desapego. Você é merecedor de amor.

Se estiver com ciúme de algo ou alguém neste momento, convido-o a reler o capítulo sobre o desapego e que você realize o seguinte exercício para transcender essa emoção que nos causa dano.

EXERCÍCIO PARA QUANDO VOCÊ SENTE CIÚME

- *Registre o que foi que despertou o ciúme, o que o produziu...*

....

- *Discrimine se o estímulo é real ou imaginário...*

....

- *Identifique a característica que tem o terceiro que desperta o ciúme em você, ou pense que atributo(s) seu(s) pode(m) resultar atraente(s) a quem você teme perder...*

....

1- Como está essa característica ou qualidade em você?...

....

2- Observe se essa qualidade encontra-se desvalorizada em você, ou pouco desenvolvida... ou ausente...

....

3- O que você poderia fazer com isso?...

....

Observe sua resposta levando em conta que
só você pode fortalecer a sua autoestima.

Dê valor ao que você é.

Quando conseguir isso, o amor ou o
encontro sucederão. Se não se der, você não
pode forçá-lo por meio de fantasias. O ciúme
parte de uma insegurança interna, por isso o
outro nunca pode dar-lhe a confiança de que
você carece, é uma confiança que você tem
que aprender a desenvolver por si mesmo.

Observe aquela parte insegura e dê-se
espaço para ver o que você necessita
para confiar e amar-se como é, único
e insubstituível. Escreva-o.

....

Lembre-se que o que necessitamos para viver
é amor. Mas, primeiro você tem que dá-lo a si
mesmo, só assim encontrará pessoas com quem
compartilhá-lo porque o amam. Como você
poderia dar isso a si mesmo? ...

....

A mensagem da INVEJA:
rumo à realização pessoal

Etimologicamente a palavra inveja vem de "*invidere*", "*in*" (colocar) "*videre*" (olhar) significa colocar os olhos em alguma coisa.

Vamos discriminar entre duas emoções ou duas classes de inveja, que têm o mesmo nome porque têm a mesma origem, mas tomam rumos diferentes. No dizer popular: "inveja boa" e "inveja má".

A inveja boa é o que chamamos admiração. Aparece quando desejo algo do outro que não possuo e quero possuir. E fico olhando fascinado aquilo que me agrada e que não posso tê-lo. Aqui o antídoto é observar o que é que admiro e registrar o que imagino que me aconteceria se tivesse isso, para poder resgatar o valor oculto por trás da realização, ou do objeto admirado ou invejado, assim eu posso dar-me conta de qual necessidade está pendente de ser satisfeita. (Pode ser um trabalho que me daria segurança econômica, ou reconhecimento, ou pertencimento, ou *status*...)

Às vezes o que se inveja, indo mais fundo, é ver o outro contente e feliz; por não ser feliz, a pessoa invejosa enfoca-se no objeto, na relação, e, na realidade, o que está invejando é o reconhecimento, a alegria, o amor que o outro sente. Talvez, se você tivesse o que o outro possui, isso não o fizesse feliz... É algo sobre o que proponho refletir para reconhecer se não é só uma ideia de que isso me daria felicidade.

Da admiração à inveja há um passo. Se não faço nada para cultivar em mim o que tanto admiro no outro, a admiração resulta como um solo propício para que germine a inveja negativa, que é a INVEJA propriamente dita. É uma emoção que aparece quando *não* suporto ver algo bom que o outro tem, porque o desejo tanto para mim e não posso tê-lo.

Ver o bem desejado no outro conecta-me com uma carência, dói-me tanto que preferiria que o outro não o tivesse. Por isso, a inveja é uma emoção destrutiva para nós mesmos e para os demais.

Pode surgir diante das realizações do outro, de valores, de um objeto etc. Não se pode invejar algo que não se vê. A inveja tem coisas em comum com o ciúme, e, geralmente, nasce na infância em relação aos pares irmãos, primos, companheiros de escola. Talvez você possa lembrar-se de alguma cena de sua infância em que alguém rouba ou quebra algo de outro tão somente porque o queria para si e não podia aceitar que o outro o desfrutasse. Ao quebrar ou fazer desaparecer o objeto, os que carecem já são dois, e isso dói menos. Para tirar o halo dramático da inveja, lembrem-se de que é algo tão inato que o experimentamos na infância, podemos até observá-lo num gato ou cachorro. Essa é uma das emoções de pior pressão, por seu efeito destrutivo, e, por isso mesmo, a que mais nos custa assumir. A mãe pode perguntar ao pequeno "Por que você quebrou isso?", e ele simplesmente responde "Se eu não o tenho, ele também não". O que acontece na inveja? É que dói ver algo que desejo, fico apegado a essa dor, creio que não posso obter isso e então surge o grito interno, doloroso e negativo: *"Como eu não tenho isso, também não quero que você o tenha, não posso tolerá-lo!"*. Não posso aceitar que meu vizinho tenha um carro novo, não queria que o tivesse porque *me lembra que eu não posso ter um*. Uma paciente satisfeita com seu casamento contava como, num grupo de amigas que estão todas divorciadas, deixaram-na de lado e uma delas explicou-lhe, depois de sua insistência em saber por que não a convidavam mais para participar de seus encontros: *"Você se encontra em outro estado... não nos sentimos à vontade com a sua presença... não é você... é o seu estado... nós a vemos e lembramos o que não pudemos manter... é uma lástima... mas preferimos reunir-nos sozinhas"*. Outro paciente contava-me como lhe doía que seu melhor amigo não pudesse alegrar-se com suas realizações no trabalho. A cada vez que ele queria compartilhar sua alegria por um êxito profissional, seu amigo amargava-se e lhe perguntava *"Como você fez?!"*. Não é que seu amigo não lhe quisesse bem ou não fosse seu amigo. Simplesmente, as realizações no trabalho do amigo conectam-no com sua frustração profissional e com sua incapacidade de resolver sua situação para melhorá-la. A primeira coisa que lhe aparece em seu foco de percepção é a interrogação sobre como o outro o conseguiu.

Lamentavelmente, é comum ver, na sociedade em que vivemos, que o bem de outro desperta sentimentos contraditórios e exacerbados, que vão desde admiração até desprezo, por vezes acompanhados de atos de vandalismo fomentados por condições de desigualdade socioeconômica e por altos níveis de ambição e competitividade. A agressão que acompanha a inveja é proporcional à pobre tolerância à frustração e à percepção de "carência de recursos" para concretizar suas aspirações. Isto é a inveja, não posso vê-lo, não tolero vê-lo, olho para outro lado ou o destruo. Este último recurso, equivocado, apresenta-se naquelas situações em que a carência é muito grande e os recursos de autorrealização muito pobres.

O antídoto para a inveja

Certamente o que me ajudará primeiro é reconhecer em que aspecto me sinto pouco realizada. Para isso a proposta é deixar de ter o olhar pousado no outro para começar ver a mim mesma. Assim poderei transcender essa emoção desagradável e servir-me dela como estímulo para minha autorrealização.

O que é aspiro em minha vida? O que posso fazer para alcançar isso?

Começar a ver o que fez o outro para obtê-lo, observar o que fazem os demais e, a partir daí, ver quais são meus recursos para poder alcançá-lo.

Preciso identificar o "valor" que estou perseguindo no bem que vejo no outro para, depois, ver como alcançá-lo em minha vida.

Ao reconhecer que valor anseio, projeto como me sentiria possuindo-o, e assim poderei dar-me conta do que necessito verdadeiramente.

Convido você a refletir também sobre estes pensamentos, que podem mostrar-se muito sustentadores:

Discriminar o Ser do Ter. Você poderá alcançar isso focalizando seu olhar no que há (não na carência). Aquilo que "invejo", seja algo material, uma virtude ou um estado, exige de mim um olhar capaz de descobrir nisso sua essência, para depois indagar se verdadeiramente "vale a pena", se é para mim; e depois trabalhar nas possibilidades que possuo para conseguir obtê-lo. Trata-se de assumir e conectar-me com a essência divina que há em mim, que me levará a assumir com responsabilidade e alegria um projeto de vida que contribua com a sociedade e permita que me realize como pessoa. Dessa maneira não há lugar para a inveja.

"Você não é acidental:
A existência necessita de você.
'Sem você faltará algo que ninguém pode substituir'...
Todo o universo sentirá que há um pequeno lugar vazio
que ninguém pode preencher, exceto você.
Isso lhe proporciona um tremendo gozo,
a plenitude de que você está relacionado
com a existência e que esta cuida de você.
Uma vez que você está limpo e claro,
pode ver o tremendo amor que baixa sobre você
desde todas as dimensões."

Osho, Extraído da publicação: *The Osho Experience*

EXERCÍCIO PARA PASSAR DA INVEJA À AUTORREALIZAÇÃO

- Que bem você percebe em outros que lhe agradaria ter?...

....

- O que o impediu de ter o que o outro tem? ...

....

- E o que o impede agora? Há alguma limitação interna?...

....

- O que você poderia fazer para superar tais limitações?...

....

- Imagine por um momento que você obtém aquilo que inveja.

- Experimente a sensação de possuí-lo...

- O que sente que lhe oferece? Que necessidade lhe cobre?...

- Discrimine a necessidade ou desejo do que crê que deveria ter para satisfazê-lo. Por exemplo: pertencimento social, ter um carro etc.

- Pergunte às pessoas o que fazem para satisfazer essa necessidade e como a cobrem.

- Amplie sua visão e reconheça como essa necessidade foi satisfeita – se o foi – alguma vez em você. O que você imagina que poderia cobri-la hoje.

PONHA-SE EM MARCHA E TOME AS RÉDEAS DE SUA VIDA!

5 - SURFAR NAS ONDAS DA VIDA
Tudo o que buscava fora estava dentro de mim!

Do apego, a reconhecer minha capacidade de amar

A dependência afetiva é uma fase infantil que é superada com o apoio de bases seguras. Se você não as teve, como já vimos em capítulos anteriores, essa dependência transfere-se a todos os objetos de amor na idade adulta.

A boa notícia é que, sendo um adulto suficientemente *acolhedor para a sua criança interior*, você pode gerar em sua vida adulta essa base segura ausente em sua infância.

A dependência provém do apego. Apegamo-nos a algo de que necessitamos e consideramos vital para nossa vida. Na dependência primária, o apego aparece na relação simbiótica mãe-filho. Nos relacionamentos simbióticos aparece a crença de que quem deve prover o que necessito é o outro, pois, autonomamente, careço da capacidade de proporcioná-lo a mim mesmo. Isso se vê muito nas primeiras relações "amorosas": a primeira relação de amigos, o primeiro namorado, nas quais armam-se díades onde não pode entrar um terceiro e o outro não me pode faltar.

Crescer implica um processo no qual nós mesmos possamos ir provendo-nos – com autonomia, diferenciados e independentemente de outros – do amor necessário para viver com plenitude e "com outros".

> Minha capacidade de amar-me conecta-me com a Fonte Universal de Amor. Ali encontro o amor incondicional tão ansiado! Nesse instante, descubro que tudo o que buscava fora estava dentro de mim!

"Só há uma necessidade: essa necessidade é Amar. Quando alguém descobre isso, é transformado."

Antonhy de Melo

No intento por encontrar a "distância ótima" há pessoas que não encontram sua medida. Alguns costumam vivenciar sensações de apego exagerado e "fundem-se com o outro"; outros, pelo contrário, "são devorados" pelos demais. Há também aqueles que se isolam para preservar sua individualidade. Estes últimos, portando a bandeira da INDEPENDÊNCIA, vivem sem conseguir estabelecer laços profundos, então passam do agarramento ao isolamento, ou simplesmente se mantêm inacessíveis. Como o exemplo da mãe que vive o casamento de seus filhos como um abandono: *"Sinto falta deles, mas não os chamo porque já não precisam de mim"*. Ela inibe sua iniciativa de contato e seu desejo de proximidade. Aqueles que confundem amor com necessidade retiram sua energia e seu sentir dos outros que já não "os necessitam".

Encontrar o ponto ótimo de encontro com o outro é um desafio que todos experimentamos seguidamente em maior ou menor medida. A opção saudável do relacionar-se é manter cada qual sua individualidade e procurar um espaço de encontro que gere um "nós", como uma terceira entidade. No *encontro ótimo* reconheço que o outro é alguém distinto de mim, alguém a quem conheço em algum ponto e em outro ponto é um desconhecido; alguém com quem compartilho alguns sentires e pensares, e outros não. Alguém com quem posso entrar em comunhão e construir um vínculo que se alimenta do amor sincero compartilhado em liberdade. Todas as concessões que faço para a construção do "nós" são atos de amor. Por isso, em cada coisa que cedo há uma conquista, não uma perda. Quando estou nessa sintonia de amor, não há espaço para a manipulação.

O amor nasce da liberdade e só pode viver nela.

Para compreender qual é o limite de contato no encontro com o outro, nada melhor do que refletir aqui a *Oração da Gestalt*, proclamada por Fritz e adaptada por mim em 1991. A oração expressa desde que lugar pode surgir um encontro saudável e genuíno.

A Oração da Gestalt

Eu sou Eu, Você é Você.
Eu não estou neste mundo para cumprir
suas expectativas.
Você não está neste mundo para cumprir as minhas.
Você é Você, Eu sou Eu.
Se nos encontramos
em algum momento ou em algum ponto, é Belo,
mas se não acontece, não se pode remediar.
Falto em amor a Mim mesmo
quando, na intenção de agradar-lhe, me atraiçoo.
Falto em amor a Você
quando intento que você seja como eu quero,
em vez de aceitá-lo como realmente é.
Você é Você e Eu sou Eu.

De Fritz Perls, adaptada por Gabriela Murgo

O Amor só pode existir em liberdade.

Quando você quer a alguém colocando uma corrente no pescoço, você o ata e se ata. O apego é um estado emocional que sempre gera sofrimento. Se você não consegue aquilo a que está apegado, sente-se infeliz... e, se o consegue, produz um instante de prazer seguido pela preocupação e temor de perdê-lo. Daí os sentimentos de medo ao abandono, de perder o afeto do outro, de sofrer porque este não lhe quer mais, ou, se lhe escolhe, de sentir-se atado ou asfixiado. Você experimentou isso alguma vez? Talvez com seu primeiro amor?

Lembro-me de tê-lo experimentado com meu primeiro namorado. Hernán dizia-me "Você não necessita de meu sangue para viver"... e para mim era tão vital quanto isso! Não podia estar mais bem retratado por Shakespeare em *Romeu e Julieta*. As canções românticas e a literatura estão recheadas de exemplos que descrevem essa vivência de amor simbiótico, onde o agarramento é tal que cada qual é a metade de uma laranja, e, portanto, "um não pode viver sem o outro".

Bem, se, como adulto, você se sente identificado, a ideia não é que se flagele por isso. Não! Pois da dor somente virá mais dor.

Lembre-se: o caminho é a aceitação do que você sente e o olhar amoroso que possa oferecer-se. De modo que a proposta é a seguinte:

> *Em primeiro lugar,* tenha presente que a sua necessidade é válida, errôneo é o pensamento de que sua felicidade depende "dessa pessoa" ou "desse algo".

> *Em segundo lugar,* reconheça a necessidade que cobre estar em contato com aquilo ao que você se apega, e discrimine o objeto de seu desejo do bem-estar que lhe provoca o estar em contato com isso. Na realidade, você está apegado é ao bem-estar que sente ao estar em contato com algo – seja isso uma pessoa, um objeto, um lugar, um trabalho ou circunstância.

Observe como, ao querer possuí-lo, a sensação prazerosa desaparece e dá lugar ao medo, à raiva etc.

Então, neste passo, detenha-se para ver as sensações que isso gera em você...

> *Em terceiro e último lugar,* registre que é você o gerador dessa sensação, e não o outro. Observe em seu corpo onde nasce essa sensação.

Você pode tomar consciência que essa capacidade é sua.Cada vez que se confundir e pensar que o outro o faz sentir-se de tal ou qual maneira, diga a si mesmo o que lhe diria o meu amigo Toñin: "*NÃO CREEEIA NIIISSOOO!!!*". A realidade é que você é quem sente isso ante a presença do outro, porque abriu seu coração. E somente poderá abri-lo sempre que se torne sensível e receptivo ao amor, ou seja, exercitando a sua própria capacidade de amar! E essa capacidade de sentir, de abrir ou fechar o coração, não desaparece com o que o faz senti-lo (não se vai com a pessoa), é uma capacidade que permanece porque está em você. VOCÊ É AMOR!. Pode desapegar-se, então... apenas: Confie!!!!!!

Quando terminei minha primeira relação amorosa de namoro, senti que ia morrer de angústia e pensei que jamais iria encontrar alguém que me amasse e a quem eu amasse da mesma maneira... pois logo aconteceu, voltei a amar! Conheci pessoas que tiveram excelentes casamentos e, depois de enviuvar, conseguiram, com o tempo, voltar a enamorar-se, encontrando novos companheiros de jornada. Claro que não é igual, pois cada experiência é única e não repetível. É uma nova experiência, grandiosamente valiosa e feliz.

Procure estar presente com seus desejos e necessidades, mensageiros claros dos ditames de sua alma. Permaneça ali, nesse lugar de paz, de sossego, onde experimente essa tranquilidade que pode localizar-se fisicamente no nível da "boca do estômago", mesmo que a mente e o cenho se mostrem tensos.

Faça o que lhe "produza bem-estar desde as entranhas" e tudo se realizará. O que tiver de ser sucederá por si mesmo, por ser bom, por ser autêntico. Sempre será o melhor para você. SERÁ O QUE É. Simplesmente isso: o que É.

Não fique apegado ao que possa perder. O apego apenas retardará o que deve ser e tornará o seu existir mais pesado e duvidoso.

Muitas vezes quando a dúvida me assalta, lembro-me do que Gastón me dizia: *"Deus sempre quer!"* Essa afirmação ampliou-se em minha compreensão com a seguinte frase, que alguma vez li e entesourei para voltar a ela cada vez que o caminho da vida o pede:

"Deus tem apenas três respostas para nossos desejos:

Concedido.
Espere.
Tenho pensado em algo melhor para você."

Confie e Libere!

Alguma vez você se perguntou qual é a única coisa de que pode estar seguro? A única coisa de que você pode estar seguro é a morte. É o único estado que não muda, que permanece. A partir daí pense que a cada vez que você busca segurança... você se afasta da vida. A vida é mudança e movimento. Você tem que aprender a surfar nas ondas da vida. Para isso proponho que você se proteja na *sabedoria da incerteza*.

Deepak Chopra fala disso em seu livro *As 7 Leis Espirituais para o Sucesso e a Prosperidade*:

"Aqueles que buscam a segurança perseguem-na durante toda a vida sem encontrá-la jamais. A busca de segurança e de certeza é, na realidade, um apego ao conhecido. E o que é o conhecido? O conhecido é o passado. Ali não há evolução."

Neurótico é pretender um resultado diferente fazendo mais da mesma coisa. A repetição é o mais parecido à loucura, como dizia Einstein; se você quer um resultado diferente, precisa mudar algo.

"A incerteza é solo fértil da criatividade pura e da liberdade. O desconhecido é o campo de todas as possibilidades, sempre

Confie! Não há nada de que você realmente necessite que lhe possa ser tirado. Não há possibilidade.

fresco, sempre novo, sempre aberto à criação de novas manifestações. Sem a incerteza, a vida é apenas uma vil repetição de recordações gastas." (...). "Mas quando há apego, a intenção fica presa numa forma de pensar rígida, e perdem-se a fluidez, a criatividade e a espontaneidade" (...). "Sempre temos a intenção de avançar numa determinada direção, temos uma meta. Não obstante, entre o ponto A e o ponto B há um número infinito de possibilidades e, se a incerteza está presente, podemos mudar de direção a qualquer momento se encontramos um ideal superior ou algo mais emocionante. Ao mesmo tempo será menos provável que forcemos as soluções dos problemas, o que tornará possível nos mantermos atentos às oportunidades."

Não se preocupe por onde começa; a mudança afeta a totalidade.

Se você realiza visualizações a fim de materializar os seus desejos, concentre-se apenas no estado emocional que deseja alcançar, não fique atado às formas! Como a realidade dolorosa e incrível daquelas pessoas, com mais de 30 anos, as quais se ouve afirmar, convencidas: *"Eu estou sozinho(a) porque sei muito bem o que quero e isso me torna mais exigente..."* Então desdobram uma longa lista de requisitos a atender que, na verdade, consegue fechar o campo de possibilidades e *limitar sua capacidade de amar.* Cabe aqui lembrar aquela frase de Saint-Exupéry em *O Pequeno Príncipe*: *"O essencial é invisível aos olhos, não se vê bem a não ser com o coração".*

Portanto, centre-se em estabelecer contato com as vivências que deseja ter em sua vida, elimine os preconceitos e abra sua mente, pois nunca se sabe em que embalagem vem o amor!

Cada "obstáculo" que se nos apresenta na vida é a semente de uma *oportunidade* para algum grande *benefício*. Uma vez que nos apropriemos dessa capacidade – que não é mais do que a que possuímos desde sempre – nos abriremos a toda uma gama de possibilidades, o que manterá vivos o mistério, o assombro, a emoção e a aventura... requisitos para a experiência certeira do amor.

Agrada-me colocar ênfase na ideia do desapego, já que nossa sociedade ocidental fomenta o consumismo e o sucesso, que levam a confundir o ser com o ter. Dentro desse paradigma *percebe-se a felicidade como algo que você tem que alcançar.* Se é algo a alcançar, nós a perseguimos pensando que algo de fora poderá provê-la, e isso gera apego. Esse apego pode estar aplicado a conseguir bens materiais, determinado emprego ou posição social, títulos ou conhecimento, a ter amigos ou um casamento, ou filhos.

Seja o que for que você creia que lhe dará felicidade, converte-se numa cenoura atrás da qual correr, e que, alcançada, não nos produz a satisfação suficiente, pois o que ela não é, é justamente isso: suficiente... Aparecerá outra cenoura, depois outra, e mais tarde outra e outra...

É por isso que o apego é o germe da voracidade e caldo de cultivo das dependências. Você pode ser viciado em atividade, no consumo de drogas, em comer, em comprar, no jogo, no trabalho, enfim, em tudo que realize de modo

> Aceitar a incerteza é abrir-se às oportunidades.

compulsivo para evitar o desprazer. O ponto é que a fuga da sensação desprazerosa em busca do prazer imediato nos deixa, sempre, mais que insatisfeitos. Nos deixa insaciavelmente infelizes.

Nós confundimos o caminho com a meta. A felicidade não é a meta, *é o caminho*. Relaxe e desfrute a viagem!!!

"Na infinitude da vida, onde estou,
tudo é perfeito, completo e inteiro,
e, no entanto, a vida muda sempre.
Não há começo nem há final;
apenas um reciclar constante de experiências.
A vida jamais se atola, nem se imobiliza, nem se enrança,
pois cada momento é sempre novo e fresco.
Sou uno com o mesmo poder que me criou,
e que me deu o poder de criar
minhas próprias circunstâncias.
Regozija-me o conhecimento de que tenho poder
para usar minha mente do modo que decida.
Cada momento da vida é um novo começo
que nos separa do velho.
E esse momento é um novo começo
para mim, aqui e agora.
Tudo está bem em meu mundo."

Louise Hay, *Você Pode Curar a Sua Vida*

Criar um vazio fértil

Mudar algo implica liberar o conhecido. A vida é mudança, mas não se assuste, algo permanece: a sua essência e a essência de tudo que o rodeia se mantêm. E algo mais, a origem de tudo criado está ali, e o sustém!

Em minha experiência com Silvia, ao longo de um ano, iniciávamos o trabalho grupal com meditação *zazen*. Esta consistia em nos mantermos sentados em posição de lótus, apenas contemplando nossa respiração. Silvia nos oferecia uma imagem que me servia: dizia que a mente era como um cavalo fugitivo e que, ao aquietar o corpo, podíamos observar seu movimento. "Todo seu trabalho tem que ser que a mente possa estar contemplando o que sucede, aqui e agora", dizia-nos.

"Todo pensamento que transcende o momento presente fere o coração."
Goethe

A mente foge para o passado ou para o futuro; isso causa dano. A ansiedade e o medo são duas formas de antecipação que nos retiram do aqui e agora. Quando vamos ao passado com a mente, sentimos nostalgia, ou melancolia, ou culpa; o que vou buscar ali?

Meu passado está presente porque o presente é o seu resultado.

Quando queremos antecipar o futuro com a mente, podem suceder duas coisas: ou que sintamos medo por pensar que algo catastrófico pode suceder, ou que experimentemos ansiedade por pensar que sucederá algo maravilhoso e então queremos acelerar porque desejamos estar lá o quanto antes. Mas... lá, onde? Posso estar agora em outro lugar?

É que o futuro, nós o criamos hoje com o que fazemos de nosso presente mas, no mesmo instante, esse presente torna-se passado. (Eterno paradoxo.)

Fica claro, assim, que o presente é o único lugar que podemos habitar. Para que queremos fugir dele?

Quando me dou conta de que minha mente se vai do presente, pergunto-me: *para que* me vou?

Respondendo a essa pergunta descubro que toda ação tem uma motivação que me leva a reconhecer uma necessidade válida. Descubro que algumas vezes a necessidade é entrar em contato com algo do passado que permaneceu pendente de ser encerrado; outras vezes, é conectar-me com uma sensação prazerosa, então procuro no baú de minhas recordações, e outras vezes faço-o para fugir tão somente do que sucede hoje.

Nesses momentos pergunto-me: o que de tão terrível sucede aqui e agora que possa resultar tão doloroso que eu sinta que não posso com isso? *"Deus aperta mas não enforca"* e *"o que não mata fortalece"*. (Ditos populares que encerram sabedoria e que cito em homenagem à minha amiga Leonor, que os adora.)

Em toda crise posso escolher aceitar o desafio e sair cres-cido, ou não aceitá-lo e sair debilitado. Se nesta altura você continua lendo este livro é porque adere à proposta de dizer SIM à Vida e escolhe ser o protagonista de seu destino. Portanto, se a palavra *"presente"* significa brinde, oferenda, e... *"a cavalo dado não se olham os dentes"* (outra frase que Leonor usaria), então DISPONHA-SE A RECEBER O PRESENTE COM OS BRAÇOS ABERTOS!!!

Considere tudo o que sucede como experiência, por-que é a única coisa que se pode garantir nesta viagem chamada vida: uma experiência... e se disso você re-tira um aprendizado... muito melhor!

Experienciar é vivenciar, animar-se a sentir, atirar-se na piscina. Para isso não gaste energia pensando por que, de que lhe serve, não questione como vem a experiência... Não tente compreender a moral antes de ler o conto. Para apreendê-la em sua totalidade, você deve antes "apreender o caminho" e para isso a primeira coisa é dar-lhe as boas-vindas.

Há algo bom para mim aqui e agora, mas, como requi-sito para aceder a isso, tenho que ESTAR. Se a minha mente se vai ao futuro pensando no que me agradaria que haja, ou ao passado pensando no que havia, EU PERCO o presente!!

Não preciso esforçar-me demasiado para consegui-lo. Apenas devo permitir-me ESTAR onde estou, AQUI, e facilitar-me SER o que SOU, AGORA, nem mais, nem menos. Tudo é o que deve ser.

> OBSERVE:
>
> *Como você sente seu corpo neste preciso instante? Onde está?*
>
> *Por um momento, retire o olhar do livro e observe o que há ao seu redor. O que está sentindo?*
>
> ASSIM É ...AQUI E AGORA!

A meditação é a técnica que ensina a esvaziar a mente e estar no presente.

Nossa mente, educada na sociedade ocidental, supervaloriza a ação, por isso não pode – ou não quer – parar! Aceitar isso é um bom passo.

Ávida por fazer algo todo o tempo, uma maneira simples de meditar é dar à minha mente uma tarefa pontual, um tema para que se focalize em algo. Esta é uma maneira de dizer-lhe "PARE!". Com isso não resta outra opção além de estar presente aqui e agora. Você pode propor-lhe cantar ou recitar um mantra, rezar um rosário, dançar, deixar-se levar por uma música ou um som, ou contemplar uma imagem, observar uma vela, uma onda, uma árvore, sentir seu corpo, observar os quatro tempos de sua respiração: inalação, retenção, exalação e descanso.

Há muitas maneiras de meditar; a que você escolher irá gerando vazio e silêncio interior. Muitos me dizem *"Meditar não é para mim. Ficar parado não consigo, em silêncio menos ainda!"*. Pois bem, minha resposta é: não comece pelo mais difícil, pelo que mais lhe custa, isso deve ser uma experiência prazerosa, de desfrute. Há muitíssimas técnicas, de modo que o convido a explorar: experimente e escolha a que lhe pareça fácil e divertida, sem perder de vista o objetivo de aquietar sua mente. Quando o fizer, deve ocupar seu pensamento pleno e, aos poucos, gerar o vazio. (Você pode, inclusive, escolher um esporte como arco-e-flecha, ou dança, ou outra expressão artística, seja o que for que *pare a tagarelice mental,* ajudará. Busque o seu modo e, quando o encontrar, faça dele um hábito.) Aviso importante: por favor, quando o encontrar, não queira convencer a todos que sigam os seus passos, pois, embora possa ser o seu caminho para a redenção, há muitos que chegam ao mesmo lugar por outros caminhos.

"Se você encontrou sua verdade dentro de si mesmo,
não há nada mais a encontrar em toda esta existência.
A verdade está funcionando através de você...
Quando estiver curado,
descarte a meditação, tire o remédio...
Toda sua vida se converte numa oração sem palavras."

Osho, *The Great Zen Master Ta Hui*, cap. 23

Quando você medita está habitado e habitando, está aceitando o HOJE. Pois libere o que o prende! Somente na aceitação, abraçando o que lhe oferece o presente, se alcança a felicidade, o resto é puro engano... *Não creeeia niiisssoooo!* Aceitar implica confiar e amar o que há. Sem "poréns", nem condições.

Surfar nas ondas da vida | 177

O presente é o brinde,
Se você se queixa, não o aceita.
Se se irrita, tampouco o aceita.
Se se deprime, resigna, anseia...
Tampouco, tampouco, TAMPOUCO o aceita!
E se, agora que lê isto, você se entusiasma com a ideia
e quer fazê-lo AGORA MESMO, você está
começando a ficar ansioso; não está desfrutando...
Então relaxe, libere, tome o amor disponível;
essa é a chave para a aceitação genuína.

CONVIDO-O:
Suspenda a leitura um minuto...
Inspire profundamente, e, na exalação,
permita-se estar onde está, aqui e agora...

O que está fazendo? Concentre-se,
está tentando?
Vamos, "desamarre-se" e observe
como se sente... Isso é...

Não há lugar onde ir, nem maneira
como você deva estar; somente observe
como você está em seu presente,
neste espaço-tempo, e fique aí.

Relaxe aí mesmo onde você está... e se não
estiver relaxado e o que detecta é tensão,
aceite-a. Observe o que o deixa tenso.

ACEITAÇÃO TOTAL! ESSE É O LEMA,
ESSE É O SEGREDO... ☺

Não há nada mais "esquizo" – se me permite o termo – do que ordenar-lhe "VOCÊ DEVE RELAXAR!". (Só a ideia de "dever" já me tensiona... kkkkk...) Comece por registrar como e onde você está. Depois aceite-se a si mesmo e às suas circunstâncias.

Crie um vazio fértil cheio de possibilidades...

... Mas para que essas últimas fiquem à vista, você terá que esperar... O duro de meu processo foi aprender a estar sozinha e cultivar a paciência sem perder a fé. No início tudo consiste em apenas gerar vazio, o vazio é o próprio nada. Requer que você tire de sua vida tudo que lhe resulta tóxico, como quem prepara a terra para semear algo novo. Você trabalha separando o que serve do que está seco, do lixo acumulado... depois remexe a terra, deixe que entre ar novo, fertilize-a, nutra-a. Só depois deixe que a semente caia na terra preparada para que possa germinar.

Sim... estar sozinha foi o primeiro aprendizado. A primeira etapa de limpeza resultou aliviadora (ufff...), em especial retirar o que me fazia mal (o "mato", alguns "arbustos secos"), a "roçada" conectou-me com a alegria, mas também com a nostalgia e a tristeza de reconhecer que algo que tivera tanta vida agora estava seco... depois, inquieta, sobreveio a incerteza. Então, foi quando disse a *mim* mesma:

Confie neste vazio! O nada é igual ao todo. *"Shunyata"* em sânscrito. Então a confiança sustenta e posso liberar... (Você terá detectado uma mudança de tempo verbal neste parágrafo: é que o processo – por ser isso, *processo* – continua, é nosso presente, é a vida... *"Ladram, Sancho"*, diria minha amiga, *"sinal de que cavalgamos".)*

A solidão experimenta-se quando me apego à ideia de que "deveria haver mais alguém". Quando consigo deixar ir essa ideia, então a solidão se preenche de minha presença, ouço minha voz interior e entro em contato com minha alma conseguindo iluminar-me a mim mesma... (*é uma experiência smplesmente milagrosa)*. Assim, aprendo a ser boa companheira de mim mesma e, por acréscimo, começo a atrair bons companheiros para minha vida.

Stevens expressa-o claramente, dizendo *"Não empurre o rio, pois ele flui por si mesmo"*. E eu digo: não nade contra a corrente, dê meia-volta e flua com ele. Não é mais tranquilo? Se as águas estão calmas, descanso, relaxo-me. Quando aparecem as ondas é o momento de surfá-las e divertir-me.

Seja qual for o momento de que mais desfruto na vida, o de ação ou o de relaxamento, tenho em conta de que um precisa do outro para existir. Não se pode estar sempre na crista da onda, seria esgotante; tampouco se pode estar todo o tempo boiando, em algum momento precisarei mover-me para que os músculos não "adormeçam".

Aprenda a desfrutar a vida aceitando todos os momentos que ela lhe oferece para vivê-la plenamente!

Viver enamorada pela vida

Aqui tento expressar-lhes meu último despertar. (Surpreende-me experimentar que é o que mais rápido estou escrevendo. O amor flui em mim e é como a síntese do grande descobrimento de minha vida. É como o véu que ao cair permite ver o que sempre esteve ali.)

Para isso compartilharei com você a história desse processo, que começou com uma revolução interna, um caos que derrubou ideias preconcebidas e fortemente arraigadas *sobre como deve ser o amor de casal.*

A realidade demonstrava-me que não podia controlar nada... as estratégias não funcionavam, a antecipação, tampouco. Não podia assegurar que meu namorado seria o homem com quem envelheceria... Via os que o/a haviam encontrado, e a felicidade terminava com a morte de um deles. Outros casais que desejavam uma criança e chocavam-se com a notícia de esterilidade. Casais com filhos mas avassalados por problemas econômicos, e outros, que aparentemente tinham cobertas todas as necessidades, mas sobre quem caíam a rotina e o tédio... Enfim, ao que tinha por um lado, faltava-lhe por outro.

Se a felicidade consistia em ter, era impossível obtê-la, pois sempre falta algo para que seja completa...

Ao caos seguiu-se a pergunta *"Será que a felicidade não existe? Como se deve viver para ser feliz?".* A mesma pergunta que me perseguia desde os 17 anos ainda não tinha resposta. Vinte anos depois, a realidade se impunha e eu tinha a sensação de estar num terremoto em que se rompiam sólidas e antigas estruturas de minha mente. E mais, naqueles dias turbulentos eu tivera um sonho em que um helicóptero batia com a cauda no antiguíssimo e prestigioso edifício de Recoleta, e, assim, a construção, tão sólida quanto antiga, desmoronava em milhares de pedaços. E o helicóptero apenas a tocara! O sonho oferecia-me uma mensagem existencial: o caos estava declarado. Nada, por mais antigo e sólido que fosse, podia manter-se.

E, depois das perguntas, o que se seguiu, por acréscimo, foi uma corrida como uma busca ao tesouro. A cada vez que aparecia algum dado da realidade, tomava-o como sinal e dizia-me a mim mesma "AH! É por aí! ☺".

E em pouco tempo aparecia outro indício da mesma realidade, que me fazia duvidar, "Será assim?", e logo aparecia outro sinal que me indicava tudo ao contrário e convencia-me claramente "... não, tampouco é por aqui... ☹".

Nenhuma ideia mantinha-se durante muito tempo. Buscar certezas era como querer pendurar um quadro em meio a um tremor. Cada vez que queria gerar uma nova ideia, esta desmoronava antes que pudesse dar-lhe forma. Tudo caía. E foi assim que aprendi a viver com a incerteza e fiquei ali, contemplando o caos.

Já que o antigo plano havia falhado, decidi então "abrir mão" de todas as minhas ideias sobre como deveria ser "a" vida capaz de garantir-me a felicidade, e dispus-me a conceber um novo: *"duvidar de todo o preconcebido e ir em busca da verdade".*

Comecei a observar a realidade e observar também o que meu coração me ditava.

Aceitei a desorientação e a incerteza, dando-lhes boas-vindas à minha vida. (Como quem, estando no olho do furacão, no centro do caos, não tem nada mais a fazer além de esperar que tudo se acalme.) E assim foi que apareceu meu novo plano: viver sem plano. Comecei a viver sem pedir garantias.

Foi tão relaxante! Abandonei toda noção de controle. Escolhi tornar o presente mais agradável, deixando o coração levar-me aonde vibrasse com mais força. Em seguida apareceram muitos sinais que me deixavam a mensagem de não confundir desejo com necessidade.

Então, comecei a percorrer a sabedoria do desapego. Cada conversa que mantinha, cada filme que via, cada *e-mail* que recebia iam respondendo e gestando forma. Indicavam que eu estava no caminho, pecorrendo-o a partir do ser. Então, o processo que vinha desde alguns meses encerrou-se em menos de um par de dias. Vertiginosamente, como para quem por um longo tempo arma um complicado quebra-cabeça e coloca as últimas peças em minutos, ou realiza os últimos movimentos do cubo mágico, tudo se fechava com perfeição. Foi muito fácil e rápido. A resposta sempre estivera ali e eu não me havia dado conta.

Para estar atenta ao meu GPS interior, tornei-me mais receptiva e contemplativa. Ao deixar de buscar, encontrei. ☺

Encontrei meu GPS interior.

Havia encontrado a forma de ser feliz, apesar de tudo e com cada experiência que se me apresenta na vida. Tratava-se de surfar nas ondas... De viver a vida e, não, pensá-la. Defrutar do que o presente me oferece. Finalmente compreendi a frase que minha amiga tanto repetia: "Não é rico o que muito tem, mas o que pouco ambiciona". E eu ambicionava tanto! Ainda pior, queria controlar todas as variáveis para que nada saísse do plano que eu havia traçado, pois um equívoco poderia arruiná-lo todo... O que eu achava que iria arruinar-se? Se a vida é o que vivo neste instante e não desfruto o processo, isso é vida? Estive muito confusa por anos. Acreditava que a felicidade era algo que tinha que alcançar, em vez de um estado a cultivar em mim.

O amor não é algo que tinha de conseguir, só precisei reconhecê-lo em mim e em tudo o que me rodeava.

Se vivo a vida a cada instante, tenho que prestar atenção a como a vivo. Pois está ocorrendo agora mesmo.

Foi assim que se gestou essa mudança em minha visão, o que hoje lhe transmito. Estou lhe falando é de um caminho percorrido. De um despertar totalmente próprio. Como um neném que começa a andar, deixei de engatinhar e descobri o mundo desde uma óptica diferente.

É uma mudança radical em meu olhar, que produz uma mudança de estado, que me dá uma paz indescritível.

Sou feliz e essa felicidade não depende de como a vida esteja ordenada, mas de como está ordenado meu interior. Quando deixei de colocar o eixo no fora, tudo começou a estar melhor. Eu estava em MIM, abraçando meu presente.

Compartilho aqui uma história que ouvi numa conferência de W. Dyer: *"Uma senhora de 92 anos, muito disposta e coquete, esmeradamente vestida e penteada espera pacientemente no vestíbulo de uma casa de retiro que lhe indiquem o quarto que será seu a partir desse momento. Após um casamento de 70 anos, seu esposo acaba de falecer. Finalmente, uma atendente se oferece para acompanhá-la até o quarto e, já no elevador, descreve-lhe como era seu dormitório e o que iria encontrar ali: lençóis, toalhas, uma janela que dava para o parque. Antes de entrar, a senhora exclamou, entusiasmada como uma menina de 8 anos, "Maravilhoso!!!". Automaticamente, a atendente lhe perguntou: "Como pode saber, se ainda não lhe mostrei?". E a senhora respondeu: "Que me agrade ou não, não depende de como esteja organizado meu quarto, mas de como esteja organizada minha mente".*

O que é dentro é fora.

Dependendo de como me sinto,
é como vejo o mundo;
e, de acordo a como o penso,
é como me sinto.
Ao dar-me conta disso,
posso mudar o foco,
e o que é figura passar a ser fundo.
Agora que sou consciente
escolho onde colocar meu olhar.

Ali está tudo e tudo está em mim.

Eu escolho que atitude quero adotar na vida.

Seja o que for que esteja condicionando a sua felicidade, é apenas isso: um condicionamento. Lembre-se que o que condiciona não é determinante. O que determina o resultado é a sua escolha, sua atitude. Portanto, seja um obstáculo ou uma carência o que você percebe, você pode chorar por isso ou aceitá-lo, para ver, dentro do campo de possibilidades, como seguir o anseio de sua alma.

Sempre há amor em meu interior porque provenho do amor e sou amor. Não há maneira de que fique vazio.

Sente-se o vazio quando desejo que haja alguém e isso não ocorre; então sinto-me só. Se aceito este momento de "solidão", permanecendo em contato com meu desejo íntimo, o amor acontece naturalmente, porque estamos rodeados de amor!

Tudo o que rodeia você surge de uma fonte inesgotável de amor: contemple a natureza, observe as crianças, olhe nos olhos, abrace seu próximo ou tome-lhe a mão... Você sentirá calor, essa calidez que você só pode experimentar quando está aberto, receptivo; isso é o amor. Não é necessário que haja algo ou alguém especial em sua vida para experimentá-lo. Talvez você esteja muito fechado, seu coração tenha-se congelado e você necessite de algo para voltar a esse amor que lhe é próprio. Participe de um retiro espiritual, comece uma terapia que comprometa o seu sentir, aproxime-se da ternura das crianças, abrace-as, adote um mascote... Definitivamente: DESCONGELE! Permita que a experiência do amor lhe toque o coração! Lembro-me de um poema de Poldy Bird que dizia: *"A ternura, o único que pode comover-me, o único que pode subjugar-me"*.

Eu não sei se é o único, mas a ternura é um caminho seguro para abrandar o coração! Para conectar-se, de alma a alma, com outra pessoa ou com a alma da natureza, deixe que esse calor entre em você e enamore-se pela vida!

Enamore-se de si mesmo, você É amor, você vem do amor. Estando no amor, você recebe mais amor. Negando o amor, você permanecerá afastado dele.

O amor atrai mais amor. Conecte-se com a fonte de amor universal e com todas as suas manifestações de abundância. O lugar onde você encontrará sua própria companhia e deixará de sentir solidão. Somos parte do todo. Ao reconhecer que sou amor, não há forma de viver que não seja... enamorada pela vida!

EXERCÍCIO PARA O DESAPEGO

Este exercício lhe permitirá o uso de uma "lente diferente", uma mudança de paradigma para que você possa experimentar a felicidde em cada momento de sua vida. A felicidade como estado, não como meta.

1 - Identifique a que você se apega. Reserve alguns minutos para repassar e listar todas essas coisas pelas quais sente apego.

2 - Depois, registre:

- como você se sente em contato com aquilo que ama e, se não conseguiu o que ainda anseia, nesse caso imagine que já está com o ansiado e conecte-se com o prazer que lhe gera... ex: ele faz com que me sinta linda / esse trabalho me dá segurança.

- Registre o estado emocional que lhe gera, verifique como se traduz em seu ânimo e em seu físico, o que gera em seu corpo, como e onde você o sente...

3 - Identifique como esse estado surge de você,
o seu corpo a produz em contato com o desejado.
Ninguém pode tirá-lo de você porque é você
quem o gera, é a sua capacidade singular
de sentir o amor, de abrir-se ao amor.

4 - Agradeça a quem o conectou com sua
capacidade de amar. Libere-o e permaneça
observando seu registro interno de amor,
como o sente no corpo. Perceba-o como
seu próprio e desfrute-o...
Você consegue visualizá-lo?
Observe como lhe modifica o corpo,
a temperatura que tem, o movimento, a cor...

5 – Agora, pegue uma folha de papel e plasme
a sensação que vivenciou. Deixe um registro
impresso como lembrança.

6 - Coloque-o em algum lugar onde você possa
visualizá-lo ao despertar e, a cada vez que o fizer,
sorria ☺ e acompanhe seu sorriso, aplicando
pequenos golpezinhos com os dedos no centro de seu
peito, na zona do esterno. (Assim irá estimular o timo.)

Mantenha o sorriso abrindo-o cada vez mais...
um pouco mais... o mais que puder, deixa
que tome conta de todo o seu rosto,
até que você se torne um sorriso com rosto.
SIM! ... SORRIA AO AMOR! ☺

6 - A PRESENÇA CURADORA
Dedicado àqueles que desejem
ajudar aos demais

Começar por si mesmo

Este é um chamado para os pais, os terapeutas e todos os que, por sua profissão, estão implicados em ajudar a outros em sua esfera emocional. Você também pode sentir-se chamado se é referência de um grupo, se é professor, diretor ou gerente de uma empresa etc. (Se você estiver numa posição de liderança, ao liderar a si mesmo você colaborará com o bem comum do grupo.)

Pois bem, então, por uma humanidade melhor, o chamado é para *"começar por sua casa"*.

1º. Cure sua criança interior: Somente desenvolvendo um adulto acolhedor você poderá acolher as demandas do outro.

Se você tiver sua própria criança interior chorando e desatendida, como poderia fazê-lo com outros? As suas necessidades embaçariam subjetivamente sua visão e sua percepção empobreceria, transbordaria. Portanto, dê-se um espaço de autoconhecimento, exercite-se fazendo os exercícios aqui propostos e proporcione à sua criança interior:

- Dedicação de tempo e atenção. Comunicação, escuta e possibilidade de expressar o que sente, *sem repressões*. (Muitas pessoas dizem que não têm tempo para si mesmas porque se dedicam ao serviço, a ajudar o outro... *não creia nisso!*) Você tem uma responsabilidade prioritária que é consigo mesmo, lembre-se disso. Quem acolhe tem que poder ser acolhido. Não permaneça rígido em um polo. Para dar sadiamente é preciso poder receber.

- Um entorno de aceitação incondicional – Observe se é muito exigente consigo mesmo. Você é humano e, apesar do caminho que tenha percorrido, pode estar mal; dê-se permissão! Seja paciente e desenvolva o amor compassivo. Rodeie-se de pessoas *que o aceitem como é*. Se, para que te aceitem, tiver que viver fazendo concessões que traem os desejos de seu ser, é momento de buscar outros com quem relacionar-se. Anime-se a mudar de entorno.

2º. Recupere a sua criança divina! Assim você poderá desfrutar e brincar com seus filhos e também ser criativo na hora de dar respostas aos demais.

- Conceda-se afeto físico, mental e espiritual: Abrace muito, muito, muito! Se você realiza trabalhos de grupo, abra a atividade com um abraço e despeça-se com um abraço! Os abraços são muito poderosos e curadores. Proporcionam valorização, segurança, proteção, confiança, força e saúde. Seja sincero e comunicativo, diga às pessoas o quanto as ama e demonstre-o. Abra-se para receber o que de bom elas têm a dar-lhe, porque você o merece!

- Realize atividades que permitam mover seu corpo de uma maneira que lhe resulte divertida.

- Nutra-se conscientemente. Escolha com consciência alimentos que nutram seu corpo, sua mente e seu espírito. Faça coisas que desfrute e que lhe preencham a alma. Leia livros e assista a filmes que lhe resultem gratificantes. Escolha estar com pessoas e participar de atividades que lhe preencham a alma.

3º. Cultive a humildade, a escuta, a aceitação incondicional – *para você mesmo e para os demais –*, a confiança em seus recursos, nos do outro e na providência. Essas atitudes são as que reconheci em meus mestres e hoje transmito a meus alunos.

- A humildade: Para reconhecer suas limitações próprias e as de seu campo de ação. Essa virtude permite-lhe continuar aperfeiçoando-se, derivar ou realizar consultas interdisciplinares quando é necessário e, fundamentalmente, facilita-lhe o crescimento como pessoa e como profissional.

- A capacidade de escuta empática: *Entender com a razão e compreender com o coração.* Não tente reduzir isso só ao campo de seu trabalho. Se você quer ser amoroso com seus pacientes ou alunos, ou empregados, ou seus filhos, você tem que sê-lo com todos para torná-lo hábito, começando com você mesmo.

- A confiança em seus recursos: Permite-lhe desenvolver a capacidade de autoacolhimento emocional, tanto das emoções prazerosas quanto das desprazerosas que possam surgir.

- A confiança nos recursos do outro: Proporciona-lhe paciência e tolerância no processo. *Cada um tem seus tempos* e você só tem que estar aí, com sua presença, para acompanhar o dar-se conta do outro e não avassalá-lo. Confie no outro, em sua capacidade de aprendizado. Você está ao seu lado para transmitir-lhe que pode arcar com sua dor e que ele é responsável e pode aprender a sustentar-se. Sua missão: ajudá-lo a concetar-se com o que sente e não só com o que pensa. O insumo: a paciência. A chave: a clareza e a confiança nas próprias potencialidades, nos recursos com os quais conta para seguir adiante.

Um chamado para os terapeutas

O trabalho interno de quem ajuda no mundo emocional implica ser acolhido por outro terapeuta, aceitar e buscar ajuda. Se você vai dedicar-se profissionalmente a isso, é primordial.

Nossa personalidade pode favorecer ou constituir obstáculo ao encontro; por isso é fundamental contar com um espaço de autoconhecimento e acolhimento sob supervisão de outro profissional, para que os embates da vida não embotem sua percepção, para que, a fim de fazê-lo com o outro, você possa sustentar-se em sua dor e curar suas feridas.

Se você quer ajudar alguém, *tem que começar por sua casa. Conhecendo-se a si mesmo.* Trabalhe com sua sombra e suas misérias. Crie para si espaços de autoconhecimento para curar suas feridas e buscar ajuda em outro profissional, quando necessitar. Você também deve ser consciente do que ainda não tem resolvido, já que isso representa as suas limitações e para que, quando você se encontre com isso diante do paciente, possa derivá-lo.

Quem consulta é sempre a criança ferida do outro, acompanhada de um adulto que não sabe bem o que fazer com ela. Se você não resgatou sua própria criança interior, não poderá acompanhar o processo do outro, pois ainda não percorreu o seu próprio.

> Seja acolhido e Seja acolhedor. Flua entre esses dois polos para manter sua saúde psíquica.

Se você não tem suficiente trabalho interno com a sua própria criança interior, o encontro passará a ser um encontro entre duas crianças que não poderão ajudar-se muito, ou um encontro entre pares, como uma conversa de bar. Ou então, ao não conseguir tolerar as emoções que aparecem à criança do outro, por identificar-se com elas, talvez você apareça como um adulto possessivo que quer consolá-lo ou oferecer-lhe conselhos, ou se irrite por cair outra vez no mesmo lugar etc. As manifestações podem ser muitas.

O ponto é que se você não pode com a sua dor, não poderá com a dor do outro. Mas se você está trabalhando nisso e aprende a sustentar-se, aí pode oferecer um espaço para que o outro também o trabalhe.

Mas... cuidado! Mesmo tendo-se convertido num *expert* (é dito do que tem experiência e é referência de outros), mesmo tendo realizado muito trabalho interno, você pode cair em outro perigo: a ONIPOTÊNCIA.

Está perdido e não chegou a parte alguma aquele que considere que chegou a um lugar onde já não tem nada a resolver. Cavalga o cavalo da onipotência e da soberba. A partir desse lugar, o que vai poder fazer com o que venha pedir-lhe ajuda é unicamente dar conselhos e querer tirá-lo rapidamente de sua dor. Outras vezes, a soberba o levará ao desinteresse por determinadas problemáticas, minimizando-as. Nesses casos, o melhor é rever onde está o coração, observar o que me comove e permanecer ali. Aceitar minha limitação e derivar.

Quando e para que ir ao terapeuta?

Há pessoas que pensam que só os loucos vão a um terapeuta, e outras que praticamente vivem com o terapeuta. Em minha opinião, recomendo-o quando você não consegue encontrar-se, mesmo conversando com um bom amigo ou retirando-se para a solidão. Se, tendo tentado esses caminhos, você continua confuso, um terapeuta pode ajudá-lo.

Para voltar a comunicar-se com sua alma, quem melhor que você mesmo para saber o que é que sua alma necessita em suas circunstâncias? Se você não se dá conta, é que você perdeu o caminho, e o espaço terapêutico fará as vezes de bússola que o ajuda-rá a encontrar-se.

O que você prefere? Alguém que lhe dê uma lição do que fazer ou alguém que lhe ensine a dar-se conta do que é capaz de fazer? Esse é para mim o detetor de um bom terapeuta, aquele que *"em vez de dar-lhe um peixe, ensina-o a pescar"*. Que não dá conselhos, mas ajuda o outro a descobrir e a conectar-se com sua sabedoria interior.

Se você é esse terapeuta, estará ajudando a quem confia em você a sintonizar-se com os ditames de sua alma, para passar do apoio externo ao autoapoio.

(Você pode dizer-me "O que mais quero, Gabriela, é que me digam o que fazer e que me tirem do lugar doloroso

> *"Caminante, no hay camino; el camino se hace al caminar."*
> Serrat

em que me encontro!". Diante de tal realidade, é de ajuda lembrar-se daquelas vezes em que, apesar de ter recebido um conselho sábio para evitar que soframos, não conseguimos reconhecer o risco até que recebemos uma boa pancada. Nenhum conselho, por bem intencionado que seja, serve por muito tempo, não é assim? É que aprender implica tolerar a frustração quando nos equivocamos no caminho e fazer um aprendizado mais experiencial do que intelectual. Não adianta o que lhe digam, até que o compreenda com o coração. O conselho para mim é como uma bengala. Como concebo que o espaço de terapia seja gerador de autoapoio, não sou partidária de dá-los, mas já voltarei a esse ponto.)

O bom terapeuta é quem nos acompanha em nossa dor para que possamos atravessá-la e para que aprendamos sua lição por nós mesmos. Eles nos ajudam a aprender a sermos os melhores amigos de nós mesmos, "garantindo-nos" nos bons e nos maus momentos, dando-nos o tempo necessário para encontrar a luz no final do caminho.

Ao estabelecer um vínculo com ele, o seu amor nos cura; porque nos conecta com o amor a nós mesmos, aquele que esquecemos.

(Quando um terapeuta não pode com a própria dor, não pode acompanhá-lo na sua, então costuma dar conselhos, leva-o nas costas pelo caminho e toma um atalho com técnicas para que este fique curtinho para você, ou lhe diz que a dor não existe e que você confie mais na palavra dele do que no seu próprio sentir.)

Às vezes me perguntam "E, assim, o tratamento não fica longo?". Eu respondo: *"Você o torna longo ao desviar-se do que só você tem que fazer. Encarregar-se da própria dor, abraçá-la, é difícil, mas com um bom terapeuta você aprende a fazê-lo e, quando isso acontece, a dor cessa. Deixa de doer porque já não precisa dar alarmes para que você a escute. Você está se ocupando dela, está aprendendo a ser o melhor amigo de si mesmo".*

Compreender a função do terapeuta

Se se trata de aprender a surfar nas ondas da vida, será questão de primeiro aprender a nadar. Muitos vêm à consulta para aprender a surfar, a fluir para desfrutar; outros estão afogando-se no mar de suas emoções e alguns estão em meio a maremotos e *tsunamis* – na maioria das vezes gerados por seus próprios pensamentos.

A tarefa do terapeuta é que a pessoa passe do apoio externo ao autoapoio.

Com Silvia aprendi que um bom terapeuta é quem ensina a nadar, mas com Dalmiro reconheci que muitas vezes a pessoa não está em condições de aprender a fazê-lo, e necessita de uma boia salva-vidas. Foi um dia em que estávamos no grupo e alguém disse que esse espaço servia-lhe como uma bengala. A imagem causou-me rejeição e, lá de meu idealismo, respondi *"Eu quero que me ajudem a que possa sustentar-me por mim mesma, não que me deem uma bengala".* Ao que Dalmiro respondeu: *"Você pode fazer isso porque tem as pernas em condições, mas se você as tivesse fraturadas não poderia sequer apoiar-se em seus pés. Nesse caso necessitaria de uma bengala até que suas pernas estejam em condições de sustentá-la".*

Um conselho cumpre a mesma função de uma boia salva-vidas. Ou de uma bengala, no exemplo de Dalmiro. Voltando à metáfora de nadar, para mim o mais belo é ensinar a nadar! Entretanto, reconheci que muitas vezes tenho que lançar uma boia. Por isso uso-a *"somente em casos de emergência, em que há perigo de afogar-se".* O que está aprendendo só pode fazê-lo usando seus próprios recursos. Meu olhar ilumina para que possa vê-los, e minha confiança em que ele pode, dá-lhe a sustentação para fazê-lo. Se abuso do conselho posso converter-me em "salvador" e gerar dependência.

> **Em que momento oferecer conselhos?**

É atrativo sentir o poder de ajudar o outro, mas melhor que ser salvador de alguém é ajudá-lo para que possa ser seu próprio salvador; nisso consiste o verdadeiro serviço.

Daí para a frente, há aqueles que querem continuar vendo-me no consultório para que os veja surfar, compartilham comigo o prazer de estar na crista da onda e também as dores de suas quedas.

Outra imagem que me serve para descrever a tarefa de um terapeuta é a de uma parteira, ou a de um mestre visto desde o ponto de vista da maiêutica socrática. Fazer parir partes do outro, que o outro possa dar à luz aspectos de si mesmo que estão adormecidos, em letargia ou esquecidos. Que possa dar vazão às suas potencialidades. E faço isso através do reconhecimento do óbvio. Guio-o desde o que pode captar através de seus sentidos até aquelas zonas que ele "não pode ver". Muitas vezes esses aspectos são visíveis para mim, mas outras vezes é como andarmos ambos às cegas, confiando que vamos chegar a um lugar claro e seguro.

Isso implica mudar-me do lugar do "eu deveria saber o que acontece com o outro e o que é melhor para ele". Abandono esse lugar de "suposto saber" para confiar em que é ele mesmo o único que pode saber o que é o melhor para si.

Mas, se vem a mim, é porque perdeu sua conexão interior e, por isso, muitas vezes nem sequer sabe como se sente, chega num estado de total confusão, onde a única coisa que sabe é que se sente mal e quer estar bem. Não sabe o que sente, o que pensa, o que deseja, e, menos ainda, o que é o melhor para ele. Outras vezes tem conhecimento de tudo isso, mas o que não pode é conseguir o que necessita. Aí é importante não ficar tentada a dizer-lhe onde está o que necessita, onde consegui-lo. Quando começo a dar-lhe opções para sua solução, ape-

> É uma tarefa maiêutica a arte de dar à luz partes novas e nascer à nova maneira de estar no mundo.

nas atiro-lhe boias. O que, na minha opinião, é mais fácil de fazer, porém mais perigoso, porque posso desviá-lo de seu caminho.

Trata-se, então, de ajudá-lo a escutar os ditames de sua alma para que ele encontre sua bússola interna, seu GPS interior, que lhe diga o que fazer, como, onde e em que momento. Aqui a missão do terapeuta é iluminar para que o outro se ilumine.

Abandono a ideia – e a exigência – de ter que saber qual é o caminho que deveria seguir, não necessito saber detalhadamente o que é o melhor para o outro, como requisito para ajudá-lo. E mais, essa ideia pode resultar interruptora do processo. Como "iluminadora", SIM, tenho a ideia de que é preciso ir por algum lado, vou iluminar algumas partes e, em função do percurso, evitarei iluminar outras. Por isso é imprescindível trabalhar com o que há, com o que o outro traz, e observar onde necessita lançar luz. Como "parteira", vou retirando à medida que aparecem e estimulando, através de minhas perguntas ou de exercícios vivenciais, o que tenha de sair para ser dado à luz. Convido o outro a compartilhar comigo o que vai aparecendo, NÃO INTERPRETO o que aparece, apenas acompanho o seu dar-se conta. Isso é tudo. Acompanhar no caminho e facilitar a conexão.

O consulente guia-me em seu caminho e minha luz é a técnica que possuo com minha indagação fenomenológica sobre o que acontece. Como viram nos exercícios, ajudo a que descreva mais o que ocorre, perguntando *"O quê? Como? Quando? Onde?... Para quê?"*. O outro tem conexão com a sabedoria e com seus recursos, embora, como terapeuta, eu por vezes não possa percebê-los, nem ele, ainda, reconhecê-los.

E o consulente é quem me guia e vai fazendo o caminho. *Seu próprio caminho*, não o que eu considero que deveria percorrer.

Quando o outro não sabe por onde ir, nem discrimina o que sente, nosso trabalho é contemplar como se sente com isso e ficamos ali, iluminando o impedimento. Esse é o estado que costuma descrever-se como de vazio, ou confusão, ou paralisia. Ajudo-o a permanecer ali pelo tempo que seja necessário, sustentando-o com minha presença, sem julgar, com respeito e acolhimento, até que apareça o seu dar-se conta. Isso pode durar minutos, horas, dias ou meses. Eu simplesmente o acompanho para que possa permanecer ali.

O que me permite fazê-lo é a confiança no processo organísmico e meu trabalho interno para desenvolver paciência quanto ao tempo do outro e respeito por seu processo. Ao ser objeto de uma atitude paciente, confiante e respeitosa, o outro pode ir internalizando uma maneira de ser que lhe permita ser mais acolhedor para consigo mesmo e suas circunstâncias.

E aqui voltamos a resgatar a importância do trabalho interno do terapeuta. Poderei ficar iluminando a dor na medida em que consiga permanecer em contato com a minha. A lanterna, o farol é a técnica, quem o tem vai utilizá-lo melhor ou pior, dependendo de como se encontre sustentado.

O que ilumina não é o farol, nem a pessoa que o sustenta. O que ilumina é a luz que sai através dele. O terapeuta, com sua presença e técnica, é o farol, mas não é a Luz, por isso não precisa ser um "iluminado" no sentido místico. (Não esqueça sua supervisão para iluminar-se também.)

(Quando concluí meus estudos universitários, a ideia de que devia saber o que ocorre ao outro para guiá-lo parecia-me uma responsabilidade enorme. Acreditava que tinha que ser sábia para conseguir isso e ter uma experiência de vida tão ampla que imaginava que iria poder dedicar-me à clínica somente ao ser uma anciã. Quando entendi que o que tinha que aprender era como ajudar a que o outro se conecte com sua própria sabedoria, isso tranquilizou-me muito; isso, sim, eu podia fazer!)

Ser terapeuta é ser facilitador do encontro do outro com sua sabedoria interior.

A formação do facilitador não pode deixar de lado os aspectos pessoais do mesmo, o que requer uma metodologia de estudo muito diferente da abordagem tradicional: só quem aprende a sustentar sua dor pode ajudar a sustentar a dor alheia.

A melhor metodologia de gestação do terapeuta é sua gestação pessoal! O processo de gestação acontece *a partir da pessoa*, indo até o profissional.

Gestar-se requer adentrar primeiro o próprio mundo interno, parir aquelas partes adormecidas desdobrando suas potencialidades, aprender recursos mais sadios para acolher-se e proteger-se, que permitem liberar velhas defesas que lhe impediam o contato autêntico consigo mesmo e com os demais.

Esse processo só pode dar-se num clima acolhedor, onde se possa dar espaço ao seu ser, para que se expresse sem julgamentos prévios nem juízos, capaz de respeitá-lo quando você prefira conservar o seu dar-se conta na intimidade.

Quando aprendemos a desenvolver o amor incondicional, a autoacolher-nos nas emoções desprazerosas, a ser o melhor amigo de nós próprios, vivencia-se uma experiência profunda de transformação pessoal, que facilita a transformação de outras pessoas que se aproximam de nós, mesmo sem intenção expressa. Pois, a mera presença e escuta facilita a tomada de conciência nos demais. E é assim que, depois de gestar-se pessoalmente, você gesta um novo profissional, pois a sua mera presença resulta curativa.

A presença curadora | 205

Isto é *Gestalt*

Gestalt é um termo alemão, sem tradução para o português, mas que significa ao mesmo tempo "figura" e "fundo". Costuma-se traduzi-la como "forma", "totalidade", "configuração plena de significado".

A *Gestalt* como enfoque terapêutico aparece com Fritz Perls na década de 1950. E chega à América Latina através de seus discípulos Adriana "Nana" Schnake e Claudio Naranjo.

A Psicologia da *Gestalt*, como é referenciada, estuda os fenômenos da percepção e a boa forma desde a fenomenologia. Este enfoque holístico compreende a pessoa como uma totalidade integrada por mente, corpo e espírito, reconhecendo-a imersa numa sociedade. Prioriza o sentir, a vivência, mais que o pensamento, como fundamento para tomar contato com o aqui e agora, já que as mudanças só se dão no presente.

Gestalt não é só uma escola psicológica, é uma atitude diante da Vida, que nos permite:

- Tomar consciência dos aspectos negados de minha personalidade e, assim, aceitar-me integralmente como sou.

- Encerrar situações inconclusas do passado que ficaram pendentes no presente e tiram-nos energia.

- Darmo-nos conta de nossas necessidades, desejos e interesses genuínos, embora às vezes se contraponham às exigências dos demais.

- Passar do apoio externo ao autoapoio, para alcançar o caminho da autodependência e experimentar encontros interpessoais a partir do amor autêntico.

- Aprender a responder ao que me sucede de modo criativo, para não voltar a tropeçar sempre na mesma pedra.

Assim como a terapia gestáltica produz mudanças profundas em tempo breve, favorece o processo de integração da personalidade desde o Autoconhecimento, a integração, o desdobramento das potencialidades. Seu enfoque ajuda a ter uma vida mais satisfatória e ser autêntico consigo mesmo e com os demais, enriquecendo nossos vínculos. Quem tem o enfoque *gestalt*, o chamado "gestáltico", é um buscador da verdade, desde o autoconhecimento procura ser autêntico e responsável com sua vida, nessa presença comprometida e facilitada por premissas da *gestalt*.

Premissas da *Gestalt*

- AQUI E AGORA - RECUPERE O PRESENTE - Se há algo do passado que esteja pendente de ser encerrado, aparecerá aqui e agora. O olhar sempre posto no presente – o único lugar e tempo que você pode habitar. É nele que você está neste preciso instante. A partir de seu aqui e agora pode acontecer um dar-se conta e também uma mudança.

- NÃO INTERPRETAR E NEM BUSCAR A "CAUSA REAL" DO QUE O OUTRO DIZ - Simplesmente escutar e dar-se conta do que se sente em função desse contato com o que sucede ao outro.

- EVITE AS GENERALIZAÇÕES - Não diga "sempre", "nunca". Quando você fala assim, não só evita a possibilidade de mudança, como também ignora que é um momento novo, inexplorado, e que você está atualizando-se a cada instante.

- FALE NA PRIMEIRA PESSOA - Quando você falar do que lhe acontece, fale de si mesmo, do que sucede a você, na primeira pessoa: eu sinto... comigo acontece... E quando queira referir-se a algo que o outro faz, evite-o – em lugar de falar dele, observe como isso afeta você e expresse-o. Lembre-se: como interferiram em sua vida, também você às vezes quer impor ou convencer o outro a que mude. Muitas vezes você o faz com a melhor intenção de ajudar, mas a mudança começa por sua casa. Ajude-se. Ocupe-se de si. Predique com o exemplo. Toda a existência irá agradecer-lhe por isso.

- PRIORIZE O SENTIR AO PENSAR - Em seu livro, Fritz cita Nietzsche, que disse numa oportunidade: *"A memória e o orgulho estão brigando. Minha memória diz que eu fiz isso e meu orgulho diz que não posso tê-lo feito. Calo minha memória e dou a razão a meu orgulho."*. As recordações, sejam verdadeiras ou estejam distorcidas, aparecem como justificação, sustentando a novela da vida. O que você pensa pode estar equivocado, mas não pode disfarçar o que sente. Disso não cabem dúvidas. Priorize o óbvio, o que pode ser captado por seus sentidos, não seus pensamentos, pois estes últimos são uma interpretação da realidade que pode ser modificada. Por isso enfoque-se no PARA QUE e não no POR QUÊ. Você pode perder-se buscando as causas e a origem do que lhe ocorre, e mesmo quando as encontrar irá perguntar-se "Pois bem, e agora como sigo?". Desperdício de energia.

- NÃO À ANEDOTA - Não precisamos que você vá às anedotas e lembranças de seu passado. Tudo o que você precisa trabalhar de seu passado inconcluso está no presente. Você não precisa ir atrás.

- NÃO INTERPRETE - *A interpretação é uma ideia do que lhe ocorre e pode ser errônea*. E, se for correta, mas dada num momento inadequado, pode resultar agressiva e contraproducente. Se, no melhor dos casos, fosse correta e dada em bom momento, não deixa de ser uma ideia do que lhe acontece, e não resolve sua maneira de estar no mundo. Saber por que me ocorre tudo o que me ocorre não me esclarece o COMO.

Gestalt como terapia contemplativa

No enfoque do GESTÁLTICO priorizamos a autenticidade e a aceitação. Para desenvolver um olhar contemplativo sem julgamento, nem críticas quanto ao que pensamos ou vivenciamos, a meditação é o recurso.

O olhar contemplativo de aceitação faz com que toda sua vida seja um ato meditativo, PRESENTE no aqui e agora. Desde esse lugar você pode sentir-se parte do todo. Que maravilhosa é a tomada de consciência de como a existência o sustenta!

Para começar, realize sua própria busca da maneira mais acessível e adequada a você de comunicar-se com o transcendente. Pode facilitar-lhe ter uma oração num momento de silêncio, ao despertar e ao deitar-se.

Tentei encontrar alguma breve para oferecer-lhe e, na busca, encontrei muitas que diziam algo assim como: "Senhor, nunca te separes de mim", ou "permanece comigo sempre", ou "não me abandones". Se, porém, Deus é o que sempre FOI, É E SERÁ, nunca pode ir embora, Deus não se muda!!

E, se assim parece, é porque Lhe voltamos as costas, abandonamos a consciência de que d'Ele procedemos e n'Ele permanecemos. Se em algum momento você se sente desamparado, é só porque perdeu seu centro. Você verá que quando retorna a si mesmo, aí o encontrará...

Aqui vai uma história que nos vem a propósito, para refletirmos sobre a ideia que vínhamos trabalhando:

Uma noite tive um sonho... Sonhei que estava caminhando pela praia com o Senhor e, através do céu, passavam cenas de minha vida.

Para cada cena que passava, percebi que ficavam dois pares de pegadas na areia: umas eram minhas e as outras, do Senhor.

Quando a última cena passou diante de nós, olhei para trás, para as pegadas na areia, e notei que no caminho de minha vida muitas vezes ficava apenas um par de pegadas na areia.

Notei também que isso sucedia nos momentos mais difíceis de minha vida. Isso perturbou-me realmente e, então, perguntei ao Senhor: "Senhor, Tu me disseste, quando resolvi seguir-Te, que andarias comigo ao longo do caminho, mas nos piores momentos de minha vida havia na areia apenas um par de pegadas. Não compreendo por que Tu me deixaste nas horas em que mais necessitava de Ti.".

Ele, então, cravando em mim o seu olhar infinito, contestou: "Meu querido filho, Eu te amei e jamais te abandonaria nos momentos mais difíceis. Quando viste apenas um par de pegadas na areia, foi justamente ali onde te carreguei nos braços.".

É como invocar o Espírito Santo, que na religião católica representa o Amor de Deus. Invocá-lo seria como invocar o próprio sangue que nos corre nas veias e dizer-lhe que o continue fazendo...

Trata-se de desfrutar o estar vivos e bendizer e agradecer a cada dia a graça que nos foi concedida. Não há nada a pedir se conseguimos viver com a graça de nos sabermos acolhidos pelo AMOR.

A chave está em assumir que somos merecedores para poder aceitar o AMOR e ser e estar sempre receptivos para exercer nosso poder de tomá-lo. Portanto, escolho rezar para não distrair-me, para agradecer tudo o que tive, o que tenho, e o que me será dado.

Rezo para agradecer, rezo para iluminar-me e para que outros se iluminem, rezo para não afastar-me da Luz, rezo para não me separar da Unidade com os outros, mesmo reconhecendo minha individualidade.

Rezo para parecer-me mais A QUEM SEMPRE É, para lembrar-me dia após dia que ELE vive em mim e eu N'ELE, que sou parte de tudo que me rodeia. Portanto, voltando à minha ideia de oferecer-lhe uma oração que expresse a conexão com o Supremo, você pode habituar-se a dar graças ao levantar-se e ao deitar-se. Mas a oração que escolho para presenteá-lo é a de São Francisco de Assis:

"Senhor, fazei de mim um instrumento de Vossa paz.

Que onde houver ódio, eu leve o amor;

Onde houver ofensa, eu leve o perdão;

Onde houver dúvida, eu leve a fé;

Onde houver desespero, eu leve a esperança;

Onde houver tristeza, eu leve a alegria;

Onde haja trevas, que eu leve a luz.

Senhor, fazei que eu procure mais

Consolar que ser consolado;

Compreender que ser compreendido;

Amar que ser amado.

Pois é esquecendo que se encontra,

É dando que se recebe;

É perdoando que se é perdoado

E é morrendo que se nasce para a vida eterna."

Arteterapia,
uma janela para ver a alma

Como a *Gestalt* prioriza o sentir ao pensar, encontrei na arteterapia um canal perfeito para que a vivência seja a protagonista do encontro.

A atividade artística é conhecida por suas naturais qualidades expressivas e terapêuticas e, consequentemente, não é necessário possuir nenhuma formação específica para recorrer a ela. Amo o teatro, o canto, a dança. Fazem parte de minha vida, assim como o desenho e a pintura. Mas utilizá-los com fins terapêuticos levou à necessidade de aprofundar-me não apenas nos conhecimentos da psicologia e da arte, como também em um método específico de como acessar a arte terapêutica e utilizá-la com tal fim. Foi assim que conheci a profissão de arteterapeuta que tanto admiro e através da qual encontrei apreciados e queridos colegas, especialmente no Brasil – país no qual a arteterapia conseguiu posicionar-se e consolidar-se notavelmente, e que, pessoalmente, amo como meu segundo lar.

Barbara Ganim desenvolveu um belo trabalho, em que propõe utilizar as imagens expressas para identificar o que realmente estamos sentindo e não o que pensamos que sentimos. Diz Ganim, *"quando se desenha uma imagem do que se sente como uma emoção, pode-se separar o que estão dizendo os pensamentos verbais da realidade que o corpo experimenta"*. Então, ela demonstra como diferentes pessoas utilizaram o desenho, a expressão plástica como processo "do coração" para expressar e curar sua dor.

A arteterapia é um meio que nos possibilita expressar as imagens internas, as emoções mais profundas que nos estão causando dor e sofrimento e que, com as palavras, não conseguimos liberar. Falar sobre a dor que sentimos amiúde nos faz nos sentirmos ainda pior, ou ao menos não a resolve. Sucede que nossas palavras costumam impregnar-se de julgamentos, de culpa ou de vergonha, estimulando assim a ira ou a raiva, ou a apatia e até a depressão. Portanto, falar desde esse lugar da dor emocional só pode lograr uma coisa: incrustar a dor ainda mais em nossa consciência, tornando ainda mais difícil o processo da cura.

Considerações para quem deseja realizar Arteterapia

Se você chegou até aqui e ainda não fez os exercícios, talvez ainda esteja com dúvidas quanto à utilização desse recurso.

Em primeiro lugar, tenha em conta que não se pode curar experiências como divórcio ou confronto. O que se pode, sim, é curar as emoções ou sentimentos que a experiência produz.

Assim sendo, assegure-se de que o que você escreve ou desenha reflete sua necessidade de curar algum aspecto de si mesmo e/ou certos sentimentos e emoções que estão impedindo que seja feliz.

Aqui no livro, vários exercícios propostos utilizam recursos expressivos a partir da escrita e a partir do desenho, mas A IDEIA NÃO É AVALIAR A ESTÉTICA DE SUA PRODUÇÃO. Por isso não é preciso ser um artista pintor, nem um escritor. Qualquer pessoa – inclusive aquelas que sintam não ter o mais ínfimo traço de capacidade artística – pode utilizar este programa para desenhar sua dor. A produção está em função de outra coisa. É um meio de expressar, explorar, descobrir, reconhecer, reapropriar-se e desenvolver.

- Descobrir e reapropriar-se de aspectos de si mesmo que estão ali expressos, embora muitas vezes desconhecidos ou pouco desenvolvidos e que esperam ser expressos.

- Para reconhecer e desenvolver potencialidades.

- Para poder expressar em outra linguagem – a imagem – o que resulta difícil e até impossível expressar em palavras.

Trata-se de priorizar O SIMBOLISMO PESSOAL AO GERAL.

Com a *ARTETERAPIA gestáltica* prioriza-se o simbolismo pessoal, mesmo que o simbolismo geral.

O símbolo faz a conexão dos conteúdos do inconsciente com o consciente. Facilita a conexão da mente com o espírito, do próprio com o Divino. Ajuda a nossa integração.

Em busca da sabedoria interior

Para isso é fundamental centrar-se no óbvio, tanto da produção quanto do processo criativo.

Contemplar as ideias, ou seja, o imaginário, que aparece em relação ao realizado ou ao que não favorece o processo de tomada de consciência. Trata-se, então, de deixar de lado todas as ideias prévias quanto ao que se passa comigo ou com o outro, deixar de lado as interpretações.

Etapas do processo

Sensibilização

Quando utilizamos a arte de expressar nossa dor, estamos acessando a *linguagem interna do corpo-mente*, imagens em vez de palavras. Mas, para que essa se veicule, a imagem deve surgir de uma conexão real com a sua interioridade. Para isso é necessário que você se conecte com o seu sentir e que o desenho não seja obra do racional.

Quando o sugerido é pôr em palavras a experiência, isso pode ser a partir de um lugar de conexão e não a partir de um argumento de sua mente.

Para qualquer das situações anteriores, é necessário que, previamente aos exercícios, você comece por realizar uma sensibilização, que você se conecte com a sua respiração, (como a sugerida na página 23). Isso facilitará a sua tomada de consciência e o seu dar-se conta. As técnicas de meditação e respiração ajudam a pessoa a "esvaziar a mente" e ficar mais conectado com o seu presente, mais atento ao lugar de seu corpo que experimenta essa dor e não à interpretação que sua mente faz da mesma. Concentrar-se em sua respiração facilita-lhe estar mais próximo de suas emoções e mais afastado de seus pensamentos.

Visualização

Antes de pintar ou desenhar, é importante que você imagine a sensação ou emoção observada. Fazê-lo como quem olha para dentro. Isso é visualizá-la, simplesmente imaginá-la com toques de realidade.

Visualização é a ação de representar ou imaginar como seria vista a emoção percebida, caso você pudesse expressá-la como imagem. Se não lhe vem uma imagem, deixe apenas que a partir desse sentir se expressem alguns traços. A emoção sente-se e pode expressar-se através de marcas simples na folha, ou com formas de papel, por exemplo.

Elaboração

Se você realizou os exercícios, verá que pode observar em cada um deles o que fez e como o fez, em que momento e para quê. PERMITA-SE expressar, saia o que sair e como sair! Muitas vezes a cabeça não para; nesses momentos convido-o a contemplar suas ideias e observá-las (não resista a elas). Assim você verificará, por exemplo, se se critica ou espera avaliação, ou se está atento ao seu resultado estético ou permanece fixado às formas.

Aqui neste livro você usou a expressão escrita e a plástica. Decidi usar desenho e escrita contemplativa como método principal de expressão, já que a utilização dessas técnicas exige pouco no caminho dos materiais, apenas lápis de cera ou de cor, um caderno e folhas de papel.

Mas, nas oficinas que proponho, costumo incluir também teatro, cinema, canto, dança e tudo que facilite abrir mais espaço ao sentir do que ao pensar, mais à expressão plena do que à palavra.

Trata-se de observar a linguagem das formas, das cores, do movimento, dos símbolos e das metáforas visuais, bem como as emoções e ideias que me sugerem e que conectam tais aspectos. Pois os recursos expressivos proporcionam muita informação.

Mas não apenas ficamos atentando ao conteúdo ou símbolo (ao desenhado), como também atentamos à relação que o consulente estabelece entre o símbolo e o processo de realização do mesmo. Atentamos a como foi realizado.

Registro

Após a experiência artística, continua o registro escrito, que acompanha com palavras o seu como foi fazê-la, o que você sentiu, de que se deu conta. É muito importante que o faça enquanto continua conectado. Não se interrompa para fazê-lo em outro momento. Você deve permanecer muito atento para continuar falando a partir do coração, emprestando a mão à sua alma ou ao aspecto que tem estado trabalhando para que se expresse.

Dar-se conta

Quando uma emoção dolorosa se expressa na forma de uma imagem representativa de como nosso corpo reage à emoção, evitamos a interpretação. Permaneça na observação do óbvio e em sua ressonância ou impacto emocional sobre o seu ser.

Devemos focalizar a produção, o processo, o sentir e o pensar do consulente, sempre no PRESENTE. Então, a pergunta: O que têm a ver com você neste momento de sua vida? Ou, com que aspecto da mesma? O que lhe ocorre quando se dá conta disso?

Todas as perguntas são voltadas a ampliar seu campo de consciência, o que foi aberto pela arteterapia.

É por isso que a arteterapia pode ser uma janela para a alma. Não apenas porque permite que a pessoa expresse como está, mas também porque convida a buscar essa mensagem profunda e essencial que sua sabedoria interior coloca em evidência.

Facilitar isso sem interpretações, apenas refletindo o óbvio com sinalizações, perguntas e intervenções, como tarefa maiêutica de parir o que há dentro do outro, iluminar o que já deu, para evitar que as reflexões e elaborações do terapeuta influam ou manipulem, ou sejam protagonistas, já que o trabalho do outro é percebido por nós. Enriquecer a sustentação das emoções com o que se desdobra no espaço arteterapêutico, a *"awareness"* ou dar-se conta do consulente, fazendo com que ele seja o protagonista de sua tomada de consciência.

O encontro entre a psicologia
e a espiritualidade

A psicologia não pode ser excluída da espiritualidade. Não se trata de uma questão de fé, nem de dogma.

Somos seres espirituais vivendo uma experiência humana.

Em primeiro lugar, compreendo a pessoa como um ser biológico, psicológico, social e espiritual, concepção muito bem explicada e desenvolvida por Victor Frankl em suas obras.

Em segundo lugar, compreendo-a também pelo caráter holístico inerente ao ser humano (implícito em minha cosmovisão) e em consonância com o paradigma de nossa época. Isso já era dito por Marilyn Ferguson, quando descrevia esta era em seu livro *A Conspiração Aquariana*. Atualmente, graças à visão holística que nos deixou Fritz Perls, em plena contraposição ao modelo psicanalítico e psiquiátrico da época, é que nós, gestálticos, podemos posicionar-nos na inegável concepção espiritual da psicologia. O fundamento psicológico deste livro está baseado no trabalho de Fritz Perls, o pai da *Gestalt*, que conheci em leituras da faculdade em 1990 e que me ajudou em minha busca pela autenticidade.

O fundamento filosófico do livro tem suas bases no pensamento do doutor Edward Bach, um avançado para sua época, que, em 1930, falava à associação médica sobre Deus e sobre o processo de autocura! Admiro sua obra, com a qual me identifico e que transmito desde o ano de 1999 em meus cursos de formação de terapeutas florais.

Pilares de minha formação, ambos foram valentes revolucionários; Bach na medicina e Perls na psicologia. Não sei se eles terão chegado a conhecer-se, mas nestas páginas procurei promover esse encontro.

Palavras da Autora

Estou concluindo o livro, mas o meu processo de Gestação continua.

Até aqui passamos da necessidade de amor insatisfeita ao apego, que gera emoções que são produto da dependência, como medos, ciúmes e inveja, em que o meu eixo deslocou-se e estou girando como um satélite em torno do outro... Ao deixar de olhar o outro para olhar-me a mim mesmo, deixo de falar do que o outro faz, pensa e necessita, para registrar o que eu faço, penso e necessito.

Assim, volto a meu eixo, alinho-me com minha alma e escuto os ditames de meu coração.

Essa é a via régia para a autorrealização, porque estou presente comigo. Desde ali, desenvolvo minha autoestima. Aprendo a acompanhar-me nos bons e nos maus momentos, sendo o melhor amigo de mim mesmo.

Agora que escuto minhas emoções desagradáveis como sinais que me alertam sobre minhas necessidades, e posso manter-me em contato com elas para assisti-las, aprendi a desenvolver um adulto acolhedor.

Tenho desejos e sonhos a concretizar (é disso que se trata estar vivo). Deus sabe se ocorrerão, portanto, "abandono-me à providência". Sempre que me comprometo plenamente com o anseio de minha alma, sei que, quando faço tudo o que posso, Deus faz tudo o que falta.

É por isso que, aqui e agora, reconheço que a felicidade nasce de um estado que cultivo dia a dia. Agradeço o que me foi dado e DESFRUTO A VIAGEM!

Como dizia Fritz, *"Morrer para nascer de novo não é fácil";* espero ter acompanhado você e o ajudado a GESTAR-SE, gestar algo novo em si, e que sua gestação lhe permita contribuir no processo de gestação de outros.

Se você quer compartilhar o seu dar-se conta comigo, simplesmente escreva-me info@gabrielamurgo.com

Que você desfrute sua viagem!

Com amor, *Gabriela*
Outono de 2013

MEDITAÇÃO

Fecho os olhos,
inspiro profundamente;
com a respiração acompanho
a observação de como "me" sinto...

Aqui e agora,
presente comigo,
abraço todas as minhas emoções, todas...
percebo a paz que me habita
e que habito...

Abro meu coração
percebo o amor que me rodeia...
sou parte do todo,
e tudo é amor.

Abro os olhos e
meu coração se aquece,
o calor se expande...

Sou feliz. ☺

REFERÊNCIAS BIBLIOGRÁFICAS

Obras que destaco em minha formação
(*) trechos citados neste livro

ABERASTURY, ARMINDA. *Adolescencia Normal.* Ed. Paidós.

ABRAMS, JEREMIAH (compilação). *Recuperar el Niño Interior.* Ed. Kairós.

BACH, EDWARD. Obras completas. Ed. Ibis.

BÍBLIA. Novo Testamento.

BORNEMANN, ELSA ISABEL. *No Somos Irrompibles.* Ed. Librerías Fausto.

BRADSHAW, JHON. *Nuestro Niño Interior.* Ed. Divulgacion. (*)

BUCAY, J. *De la Autoestima al Egoismo.* Ed. Nuevo Extremo.

—. *El Camino de la Autodependencia.* Ed. Nuevo Extremo.

BUSCAGLIA, LEO. *Ser Persona.* Ed. Emece.

—. *Vivir, Amar y Aprender.* Ed. Emece.

CAPACCHIONE, LUCIA. *El Poder de tu Otra Mano.* Ed. Gaia.

CATENA, OSVALDO. *Orando con los Salmos.* Ed. Bonum.

CHOPRA, DEEPAK. *Las 7 Leyes Espirituales para el Éxito.*

COELHO, PAULO. *Na Margem do Rio Piedras eu Sentei e Chorei.* Ed. Rocco.

—. *O Alquimista.* Ed. Rocco.

—. *O Peregrino.* Ed. Rocco.

FILLOUX, JEAN CLAUDE. *La Personalidad.* Ed. Eudeba.

FRANKL, VICTOR. *El Hombre en Busqueda del Destino.* Ed. Herder.

—. *La Presencia Ignorada de Diós.* Ed. Herder.

—. *Psicoterapía al Alcance de Todos.* Ed. Herder.

FROMM, ERICH. *El Arte de Amar.* Ed. Paidós.

—. *Miedo a la Libertad.* Ed. Paidós.

—. *Tener o Ser.* Cap. I. Ed. Fondo de Cultura Económica.

GANIM, BARBARA. *Dibujar con el Corazón.* Ediciones Obelisco. (*)

HALBERSTAM, YITTA, Y LEVENTHAL, JUDITH. *Pequenos Milagres.* Ed. Sextante.

HAY, LOUISE. *Usted Puede Sanar Su Vida.* Ed. Urano. (*)

LERSCH, PHILLIP. *La Estructura de la Personalidad*. Ed. Scientia.

LEVY, NORBERTO. *El Asistente Interior*. Ed. Nuevo Extremo.

—. *La Sabiduría de las Emociones* 1. Ed. Planeta.

MELLO, ANTHONY DE. *Lo Mejor de Anthony de Mello*. Ed. Lumen.

NARANJO, CLAUDIO. *La Vieja y Novísima Gestalt*. Ed. Cuatro Vientos.

OSHO. *El Juego Trascendental del Zen*. Ed. Gaia. (*)

—. *Tónico para el Alma*. Ed. Planeta.

PERLS Y OTROS. *Esto es Gestalt*. Ed. Cuatro Vientos.

PERLS, FRITZ. *Enfoque Gestáltico*. Ed. Cuatro Vientos.

—. *Sueños y Existencia*. Ed. Cuatro Vientos.

PRATHER, HUGH Y GAYLE. *Palabras a Mi Pareja*. Ed. Nuevo Extremo. (*)

—. *Como Ser felíz a Pesar de Todo*. Ed. Sextante.

—. *Palabras a Mi Mismo*. Ed. Cuatro Vientos.

QUINO. *Mafalda* (em especial o olhar de Miguelito). Ed. De la Flor.

SALINAS, SILVIA. *Amarse con los Ojos Abiertos*. Ed. Nuevo Extremo.

—. *Sin Ti*. Ed. Nuevo Extremo.

—. *Todo (no) Terminó*. Ed. Nuevo Extremo. (*)

SCHMEDLING, GERARDO. *Artigo de Enseñanzas en Aceptología*. (*)

SCHNAKE, ADRIANA. *Los Diálogos del Cuerpo*. Ed. Cuatro Vientos.

—. *Sonia te envió los Cuadernos Color Café*. Ed. Cuatro Vientos.

SPITZ, RENÉ. *El Primer Año de Vida del Niño*. Ed. Fondo de Cultura Económica.

STEVENS, JOHN. *El darse Cuenta*. Ed. Cuatro Vientos.

TZU, LAO, tradução de Chu Ta-Kao. *Tao Te Ching*.
Ed. Troquel.

WAYNE, W. *Tus Zonas Erróneas*. Ed. Grijalbo.

WELWOOD, JOHN. *Amar y Despertar*. Ed. Obelisco. (*)

—. *Amor perfecto – Relaciones Imperfectas*. Ed. Grupo Norma. (*)

—. *Psicología del Despertar*. Ed. Grupo Norma.

—. *Psicología del Despertar*. Ed. Kairós.

WILHELM, RICHARD (tradução de). *I Ching: El libro de Las Mutaciones*.
Ed. Sudamericana.

OUTRAS FONTES

Minhas anotações do seminário de Ciúme, com Norberto Levy.
Minhas anotações de seminários de pós-graduação com Silvia Salinas.
Minhas anotações de seminários de Anatomia
Vivenciada, com Adriana Schnake.

FILMES RECOMENDADOS

"O Segredo".
"El Poder de la intención", de Wayne W. Dyer.
"My Life", de: Bruce Joel Rubin, com Michael Keaton e Nicole Kidman.

CANÇÕES RECOMENDADAS

"Transformaciones", do álbum *"Mundo Agradable",* Serú Giran.
"Meu Jardim", de Vander Lee músico de Minas Gerais, Brasil.

ANOTAÇÕES

Edição e Publicação de Livros
que venham contribuir para a alegria, bem-estar e
crescimento de todos os seres: humanos e não-humanos.

www.sementeeditorial.com.br
comercial@sementeeditorial.com.br